会计零基础快速入门

中小企业会计账务处理与错弊分析

刘文玫 主编

张智锋 王巍 副主编

化学工业出版社

·北京·

内容简介

本书主要依据现行《小企业会计准则》编写，针对执行该准则的企业经济活动进行真账实务演练，包括会计科目使用详情、科目档案、账务处理，对日常工作中经常出现的一些账务处理问题进行总结和纠正，让会计从业者工作更加规范。全书最后模拟某企业全年账务处理，对读者轻松上手财务工作具有很强的指导意义。

本书适合广大中小企业会计从业者，初入职场准备从事财务会计工作的人员阅读参考。

图书在版编目（CIP）数据

中小企业会计账务处理与错弊分析 / 刘文玫主编；张智锋，王巍副主编 . -- 北京 : 化学工业出版社，2025.2. --（会计零基础快速入门）. -- ISBN 978-7-122-47009-6

Ⅰ. F276.3

中国国家版本馆 CIP 数据核字第 2025DH5824 号

责任编辑：张林爽	文字编辑：赵 越
责任校对：刘 一	装帧设计：孙 沁

出版发行：化学工业出版社
 　　　　　（北京市东城区青年湖南街 13 号　邮政编码 100011）
印　　装：北京云浩印刷有限责任公司
710mm×1000mm　1/16　印张 12¼　字数 207 千字
2025 年 5 月北京第 1 版第 1 次印刷

购书咨询：010-64518888　　　售后服务：010-64518899
网　　址：http : //www.cip.com.cn
凡购买本书，如有缺损质量问题，本社销售中心负责调换。

定　　价：68.00 元

前言

账务处理从小企业学起较易上手，小企业账务处理的依据是 2013 年开始施行的《小企业会计准则》（财会〔2011〕17 号）。为帮助广大企业财会人员在短时间内提高实务操作能力，我们特编写此书。

本书共 12 章，通过概念梳理、科目档案、账务处理和错弊分析，分别介绍企业常见业务的账务处理。

第 1 章：账务处理基础知识。介绍会计基本假设、会计基础、会计信息质量要求、会计要素、会计计量和会计科目等内容。

第 2 章：货币资金业务账务处理与错弊分析。介绍库存现金、银行存款、其他货币资金业务的概念、科目设置、账务处理和错弊分析。

第 3 章：应收及预付款业务账务处理与错弊分析。介绍应收票据、应收账款、预付账款、其他应收款业务的概念、科目设置、账务处理和错弊分析。

第 4 章：存货业务账务处理与错弊分析。介绍存货的确认和计量，原材料、库存商品、周转材料、生产成本、制造费用业务的概念、科目设置、账务处理和错弊分析。

第 5 章：固定资产业务账务处理与错弊分析。介绍固定资产的概念和确认条件，初始计量、后续计量、处置业务的概念、科目设置、账务处理和错弊分析。

第 6 章：无形资产业务账务处理与错弊分析。介绍无形资产初始计量、后续计量和处置业务的概念、科目设置、账务处理和错弊分析。

第 7 章：借款业务账务处理与错弊分析。介绍短期借款和长期借款业务的概念、科目设置、账务处理和错弊分析。

第 8 章：应付及预收款业务账务处理与错弊分析。介绍应付票据、应付账款、预收账款、其他应付款业务的概念、科目设置、账务处理和错弊分析。

第 9 章：职工薪酬业务账务处理与错弊分析。介绍职工薪酬和个人所得税业务的概念、科目设置、账务处理和错弊分析。

第 10 章：税费业务账务处理与错弊分析。介绍增值税、附加税费、企业所得税等业务的概念、科目设置、账务处理和错弊分析。

第 11 章：所有者权益业务账务处理与错弊分析。介绍实收资本、资本公积、盈余公积、利润分配业务的概念、科目设置、账务处理和错弊分析。

第 12 章：经营成果业务账务处理与错弊分析。介绍经营收入、经营成本、期间费用、营业外收支、本年利润业务的概念、科目设置、账务处理和错弊分析。

本书由刘文玫任主编，张智锋、王巍任副主编，负责全书的统稿及审核修改。刘文玫及中国财政科学研究院王嘉龙负责第 5、8 章的编写，张智锋及北京劳动保障职业学院财务处陈丽梅负责第 1、4 章的编写，郭泽龙负责第 12 章的编写，周冬梅负责第 9 章的编写，王巍、刘荣负责第 2、10 章的编写，王艳负责第 6、7 章的编写，马悦负责第 3、11 章的编写。

由于编者水平有限，书中内容如有纰漏之处，还望广大读者批评指正。

编者

目录

第1章
账务处理基础知识 //1

第 2 章
货币资金业务账务处理与错弊分析 //16

第 3 章
应收及预付款业务账务处理与错弊分析 //28

第4章
存货业务账务处理与错弊分析 //42

第6章
无形资产业务账务处理与错弊分析 //78

第7章
借款业务账务处理与错弊分析 //86

第 8 章
应付及预收款业务账务处理与错弊分析 //93

第 9 章
职工薪酬业务账务处理与错弊分析 //105

第 10 章
税费业务账务处理与错弊分析 //116

第 11 章
所有者权益业务账务处理与错弊分析 //140

第 12 章
经营成果业务账务处理与错弊分析 //153

第1章
账务处理基础知识

账务处理的基础知识也就是会计的基础知识 —— 会计基本假设、权责发生制和配比原则、会计信息质量要求、会计要素、会计计量和会计科目。

1.1　会计基本假设

会计基本假设是企业会计确认、计量和报告的前提，是对会计核算所处时间、空间环境等所做的合理设定。会计基本假设包括会计主体、持续经营、会计分期和货币计量。

（1）会计主体

会计主体，是指企业会计确认、计量和报告的空间范围。为了向财务报告使用者反映企业财务状况、经营成果和现金流量，提供对其决策有用的信息，会计核算和财务报告的编制应当反映特定对象的经济活动，才能实现财务报告的目标。

（2）持续经营

持续经营，是指在可以预见的将来，企业将会按当前的规模和状态继续经营下去，不会停业，也不会大规模削减业务。在持续经营前提下，会计确认、计量和报告应当以企业持续、正常的生产经营活动为前提。

（3）会计分期

会计分期是指将一个企业持续经营的生产经营活动划分为一个个连续的、长短相同的期间。在会计分期假设下，企业应当划分会计期间，分期结算账目和编制财务报告。会计期间通常分为年度和中期。中期，是指短于一个完整的会计年度的报告期间。

（4）货币计量

货币计量是指会计主体在财务会计确认、计量和报告时以货币作为计量尺度，反映会计主体的生产经营活动。

1.2　会计基础

企业会计的确认、计量和报告应当以权责发生制为基础。权责发生制基础要求，凡是当期已经实现的收入和已经发生或应当负担的费用，无论款项是否收付，都应当作为当期的收入和费用，计入利润表；凡是不属于当期的收入和费用，即使款项已在当期收付，也不应当作为当期的收入和费用。

在实务中，企业交易或者事项的发生时间与相关货币收支时间有时并不完全一致。例如，款项已经收到，但销售并未实现；或者款项已经支付，但并不是为本期生产经营活动而发生的。为了更加真实、公允地反映特定会计期间的财务状况和经营成果，基本准则明确规定，企业在会计确认、计量和报告中应当以权责发生制为基础。

收付实现制是与权责发生制相对应的一种会计基础，它是以收到或支付现金作为确认收入和费用等的依据。目前，我国的行政单位会计采用收付实现制，事业单位会计除经营业务可以采用权责发生制外，其他大部分业务采用收付实现制。

1.3 会计信息质量要求

会计信息质量关系到投资者决策、完善资本市场以及市场经济秩序等重大问题，会计信息质量要求是针对企业财务报告中所提供会计信息的基本规范，是使财务报告中所提供会计信息对投资者等使用者决策有用应具备的基本特征，根据基本准则规定，具体包括以下八个方面。

1.3.1 可靠性

可靠性要求企业应当以实际发生的交易或者事项为依据进行确认、计量和报告，如实反映符合确认和计量要求的各项会计要素及其他相关信息，保证会计信息真实可靠、内容完整。

可靠性是高质量会计信息的重要基础和关键所在，如果企业以虚假的经济业务进行确认、计量和报告，属于违法行为，不仅会严重损害会计信息质量，而且会误导投资者，干扰资本市场，导致会计秩序混乱。

1.3.2 相关性

相关性要求企业提供的会计信息应当与投资者等财务报告使用者的经济决策需要相关，有助于投资者等财务报告使用者对企业过去、现在或者未来的情况做出评价或者预测。

相关的会计信息应当能够有助于使用者评价企业过去的决策，证实或者修正过去的有关预测，因而具有反馈价值。相关的会计信息还应当具有预测价值，有助于使用者根据财务报告所提供的会计信息预测企业未来的财务状况、经营成果和现金流量。

会计信息质量的相关性要求，以可靠性为基础，两者之间是统一的，并不矛盾，不应将两者对立起来。也就是说，会计信息在可靠性前提下，尽可能地做到相关性，以满足投资者等财务报告使用者的决策需要。

1.3.3 可理解性

可理解性要求企业提供的会计信息应当清晰明了，便于投资者等财务报告使用者理解和使用。

会计信息是一种专业性较强的信息产品，在强调会计信息的可理解性要求的同时，还应假定使用者具有一定的有关企业经营活动和会计方面的知识，并且愿意付出努力去研究这些信息。对于某些复杂的信息，如交易本身较为复杂或者会计处理较为复杂，但其与使用者的经济决策相关，企业就应当在财务报告中予以充分披露。

1.3.4 可比性

可比性要求企业提供的会计信息应当相互可比。

① 同一企业不同时期可比。为了便于投资者等财务报告使用者了解企业财务状况、经营成果和现金流量的变化趋势，比较企业在不同时期的财务报告信息，全面、客观地评价过去、预测未来，做出决策，会计信息质量的可比性要求同一企业不同时期发生的相同或者相似的交易或者事项，应当采用一致的会计政策，不得随意变更。但是，满足会计信息可比性要求，并非表明企业不得变更会计政策，如果按照规定或者在会计政策变更后可以提供更可靠、更相关的会计信息，可以变更会计政策。有关会计政策变更的情况，应当在附注中予以说明。

② 不同企业相同会计期间可比。为了便于投资者等财务报告使用者评价不同企业的财务状况、经营成果和现金流量及其变动情况，会计信息质量的可比性要求不同企业对于同一会计期间发生的相同或者相似的交易或者事项，应当采用统一规定的会计政策，确保会计信息口径一致、相互可比，以使不同企业按照一致的确认、计量和报告要求提供有关会计信息。

1.3.5 实质重于形式

实质重于形式要求企业应当按照交易或者事项的经济实质进行会计确认、计量和报告，不仅仅以交易或者事项的法律形式为依据。

企业发生的交易或者事项在多数情况下其经济实质和法律形式是一致的，但在有些情况下也会出现不一致。例如，企业按照销售合同销售商品但又签订了按照固定价格进行售后回购协议，虽然从法律形式上看实现了收入，但如果企业没有将商品所有权上的主要风险和报酬转移给购货方，没有满足收入确认的各项条件，即使签订了商品销售合同或者已将商品交付给购货方，也不应当确认为销售收入。

1.3.6　重要性

重要性要求企业提供的会计信息应当反映与企业财务状况、经营成果和现金流量有关的所有重要交易或者事项。

财务报告中提供的会计信息的省略或者错报会影响投资者等使用者据此做出决策的，该信息就具有重要性。重要性的应用需要依赖职业判断，企业应当根据其所处环境和实际情况，从项目的性质和金额大小两方面加以判断。

1.3.7　谨慎性

谨慎性要求企业对交易或者事项进行会计确认、计量和报告时保持应有的谨慎，不应高估资产或者收益、低估负债或者费用。

在市场经济环境下，企业的生产经营活动面临着许多风险和不确定性，如应收款项的可收回性、固定资产的使用寿命、无形资产的使用寿命、售出存货可能发生的退货或者返修等。会计信息质量的谨慎性要求，企业在面临不确定性因素的情况下做出职业判断时，应当保持应有的谨慎，充分估计到各种风险和损失，既不高估资产或者收益，也不低估负债或者费用。

1.3.8　及时性

及时性要求企业对于已经发生的交易或者事项，应当及时进行确认、计量和报告，不得提前或者延后。

会计信息的价值在于帮助所有者或者其他财务报告使用者做出经济决策，具有时效性。在会计确认、计量和报告过程中贯彻及时性：一是要求及时收集会计信息，即在经济交易或者事项发生后，及时收集整理各种原始单据或者凭证；二是要求及时处理会计信息，即按照会计准则的规定，及时对经济交易或者事项进行确认或者计量，并编制财务报告；三是要求及时传递会计信息，即按照国家规定的有关时限，及时地将编制的财务报告传递给财务报告使用者，便于其及时使用和决策。

1.4　会计要素

会计要素是根据交易或者事项的经济特征所确定的财务会计对象的基本分类。基本准则规定，会计要素按照其性质分为资产、负债、所有者权益、收入、费用和利润，其中，资产、负债和所有者权益要素侧重于反映企业的财务状况，收入、费用和利润要素侧重于反映企业的经营成果。会计要素的界定和分类可以使财务会计系统更加科学严密，为投资者或财务报告使用者提供更加有用的信息。

1.4.1　资产

（1）资产的定义

资产是指企业过去的交易或者事项形成的、由企业拥有或者控制的、预期会给企业带来经济利益的资源。

（2）资产的确认条件

将一项资源确认为资产，需要符合资产的定义，还应同时满足以下两个条件：

① 与该资源有关的经济利益很可能流入企业。

② 该资源的成本或者价值能够可靠地计量。

（3）资产的分类

资产包括流动资产和非流动资产。

① 流动资产是指预计在一个正常营业周期中变现、出售或耗用，或者主要为交易目的而持有，或者预计在资产负债表日起一年内（含一年）变现的资产，或者自资产负债表日起一年内交换其他资产或清偿负债的能力不受限制的现金或现金等价物。包括：货币资金、应收票据、应收账款、预付款项、其他应收款、存货等。

② 非流动资产是指流动资产以外的资产。包括：固定资产、在建工程、无形资产、长期待摊费用等。

1.4.2　负债

（1）负债的定义

负债是指企业过去的交易或者事项形成的，预期会导致经济利益流出企业的现时义务。

（2）负债的确认条件

将一项现时义务确认为负债，需要符合负债的定义，还应当同时满足以下两个条件：

① 与该义务有关的经济利益很可能流出企业。

② 未来流出的经济利益的金额能够可靠地计量。

（3）负债的分类

负债包括流动负债和非流动负债。

① 流动负债是指预计在一个正常营业周期中清偿，或者主要为交易目的而持有，或者自资产负债表日起一年内（含一年）到期应予以清偿，或者企业无权自主地将清偿推迟至资产负债表日后一年以上的负债。包括：短期借款、应付票据、应付账款、预收款项、应付职工薪酬、应交税费、其他应付款等。

② 非流动负债是指流动负债以外的负债。包括：长期借款、长期应付款等。

1.4.3 所有者权益

（1）所有者权益的定义

所有者权益，是指企业的资产扣除负债后由所有者享有的剩余权益。企业的所有者权益又称为股东权益。所有者权益是所有者对企业资产的剩余索取权，它是企业资产中扣除债权人权益后应由所有者享有的部分，既可反映所有者投入资本的保值增值情况，又体现了保护债权人权益的理念。所有者权益的来源包括所有者投入的资本、直接计入所有者权益的利得和损失、留存收益等，通常由实收资本、资本公积、盈余公积和未分配利润构成。

（2）所有者权益的确认条件

所有者权益反映的是企业所有者对企业资产的索取权，其确认和计量主要取决于资产、负债、收入、费用等其他会计要素的确认和计量。所有者权益即为企业的净资产，是企业资产总额中扣除债权人权益后的净额，反映所有者（股东）财富的净增加额。通常企业收入增加时，会导致资产增加，相应地会增加所有者权益；企业发生费用时，会导致负债增加，相应地会减少所有者权益。因此，企业日常经营得好与坏和资产、负债的质量直接决定着企业所有者权益的增减变化和资本的保值增值。

（3）所有者权益的分类

所有者权益包括：实收资本（或股本）、资本公积、盈余公积、未分配利润等。

1.4.4 收入

（1）收入的定义

收入是指企业在日常活动中形成的、会导致所有者权益增加的、与所有者投入资本无关的经济利益的总流入。

（2）收入的确认条件

企业收入的来源渠道多种多样，不同收入来源的特征有所不同，其收入确认条件也往往存在一些差别，如销售商品、提供劳务、让渡资产使用权等。一般而言，收入只有在经济利益很可能流入从而导致企业资产增加或者负债减少、经济利益的流入额能够可靠地计量时才能予以确认。即收入的确认至少应当符合以下条件：

① 与收入相关的经济利益应当很可能流入企业。

② 经济利益流入企业的结果会导致资产增加或者负债减少。

③ 经济利益的流入额能够可靠地计量。

（3）收入的分类

收入包括主营业务收入和其他业务收入。主营业务收入是由企业的主营业务所带来的收入；其他业务收入是除主营业务活动以外的其他经营活动实现的收入。

按性质不同，收入可分为销售商品收入、提供劳务收入、让渡资产使用权收入等。

1.4.5　费用

（1）费用的定义

费用是指企业在日常活动中发生的、会导致所有者权益减少的、与向所有者分配利润无关的经济利益的总流出。

（2）费用的确认条件

费用的确认除了应当符合定义外，也应当满足严格的条件，即费用只有在经济利益很可能流出从而导致企业资产减少或者负债增加、经济利益的流出额能够可靠地计量时才能予以确认。费用的确认至少应当符合以下条件：

① 与费用相关的经济利益应当很可能流出企业。

② 经济利益流出企业的结果会导致资产减少或者负债增加。

③ 经济利益的流出额能够可靠地计量。

（3）费用的分类

费用一般指期间费用，即销售费用、管理费用和财务费用。

1.4.6　利润

（1）利润的定义

利润是指企业在一定会计期间的经营成果，它是评价企业管理层业绩的指标之一，也是投资者等财务报告使用者进行决策时的重要参考。

利润包括收入减去费用后的净额、直接计入当期利润的利得和损失等。其中收入减去费用后的净额反映企业日常活动的经营业绩，直接计入当期利润的利得和损失反映企业非日常活动的业绩。直接计入当期利润的利得和损失，是指应当计入当期损益、最终会引起所有者权益发生增减变动的、与所有者投入资本或者向所有者分配利润无关的利得或者损失。

（2）利润的确认条件

利润反映收入减去费用、利得减去损失后的净额。利润的确认主要依赖于收入和费用以及利得和损失的确认，其金额的确定也主要取决于收入、费用、利得、损失金额的计量。

1.5 会计计量

企业将符合确认条件的会计要素登记入账并列报于财务报表及其附注时，应当按照规定的会计计量属性进行计量，确定相关金额。计量属性反映的是会计要素金额的确定基础，主要包括历史成本、重置成本、可变现净值、现值和公允价值等。

1.5.1 会计要素的计量属性

（1）历史成本

历史成本又称实际成本，就是取得或制造某项财产物资时所实际支付的现金或其他等价物。在历史成本计量下，资产按照其购置时支付的现金或者现金等价物的金额，或者按照购置资产时所付出的对价的公允价值计量。负债按照其因承担现时义务而实际收到的款项或者资产的金额，或者承担现时义务的合同金额，或者按照日常活动中为偿还负债预期需要支付的现金或者现金等价物的金额计量。

（2）重置成本

重置成本又称现行成本，是指按照当前市场条件，重新取得同样一项资产所需支付的现金或现金等价物金额。在重置成本计量下，资产按照现在购买相同或者相似资产所需支付的现金或者现金等价物的金额计量。负债按照现在偿付该项债务所需支付的现金或者现金等价物的金额计量。在实务中，重置成本应用于盘盈固定资产的计量等。

（3）可变现净值

可变现净值是指在正常生产经营过程中，以资产预计售价减去进一步加工成本和预计销售费用以及相关税费后的净值。在可变现净值计量下，资产按照其正常对外销售所能收到现金或者现金等价物的金额扣减该资产至完工时估计将要发生的成本、估计的销售费用以及相关税费后的金额计量。可变现净值通常应用于存货资产减值情况下的后续计量。

（4）现值

现值是指对未来现金流量以恰当的折现率进行折现后的价值，是考虑货币时间价值的一种计量属性。在现值计量下，资产按照预计从其持续使用和最终处置中所取得的未来净现金流入量的折现金额计量。负债按照预计期限内需要偿还的未来净现金流出量的折现金额计量。

（5）公允价值

公允价值是指在公平交易中，熟悉情况的交易双方自愿进行资产交换或者债务清偿的金额。在公允价值计量下，资产和负债按照在公平交易中熟悉情况的交易双方自愿进行资产交换或者债务清偿的金额计量。

1.5.2　各种计量属性之间的关系

在各种会计要素计量属性中，历史成本通常反映的是资产或者负债过去的价值，而重置成本、可变现净值、现值以及公允价值通常反映的是资产或者负债的现时成本或者现时价值，是与历史成本相对应的计量属性。公允价值相对于历史成本而言，具有很强的时间概念，也就是说，当前环境下某项资产或负债的历史成本可能是过去环境下该项资产或负债的公允价值，而当前环境下某项资产或负债的公允价值也许就是未来环境下该项资产或负债的历史成本。一项交易在交易时通常是按公允价值交易的，随后就变成了历史成本，许多资产或者负债的历史成本就是根据交易时有关资产或者负债的公允价值确定的，比如，在非货币性资产交换中，如果交换具有商业实质，且换入、换出资产的公允价值能够可靠地计量，换入资产入账成本的确定应当以换出资产的公允价值为基础，除非有确凿证据表明换入资产的公允价值更加可靠。在应用公允价值时，相关资产或者负债不存在活跃市场的报价或者不存在同类或者类似资产的活跃市场报价时，需要采用估值技术来确定相关资产或者负债的公允价值。而在采用估值技术估计相关资产或者负债的公允价值时，现值往往是比较普遍的一种估值方法，在这种情况下，公允价值就是以现值为基础确定的。

1.5.3 计量属性的应用原则

历史成本是最重要的会计计量属性，企业在对会计要素进行计量时，一般应当采用历史成本。采用重置成本、可变现净值、现值、公允价值计量的，应当保证所确定的会计要素金额能够持续取得并可靠计量。

企业会计准则体系引入公允价值是适度、谨慎和有条件的。原因是考虑到我国尚属新兴和转型的市场经济国家，如果不加限制地引入公允价值，有可能出现公允价值计量不可靠，甚至借机人为操纵利润的现象。因此，对公允价值的使用提出了较为严格的要求。

1.6 会计科目

会计科目，简称科目，是对会计要素的具体内容进行分类核算的项目，是会计要素的具体化。本书主要讲解的是小企业会计准则，以下均以小企业会计相关知识为准。

1.6.1 会计科目的分类

会计科目可按其反映的经济内容（即所属会计要素）、所提供信息的详细程度及其统驭关系分类。

（1）按反映的经济内容分类

会计科目按其反映的经济内容不同，可分为资产类科目、负债类科目、共同类科目、所有者权益类科目、成本类科目和损益类科目。

（2）按提供信息的详细程度及其统驭关系分类

会计科目按其提供信息的详细程度及其统驭关系，可以分为总分类科目和明细分类科目。

① 总分类科目，又称总账科目或一级科目，是对会计要素的具体内容进行总括分类，提供总括信息的会计科目。

② 明细分类科目，又称明细科目，是对总分类科目作进一步分类，提供更为详细和具体会计信息的科目。如果某一总分类科目所辖的明细分类科目较多，可在总分

类科目下设置二级明细科目，在二级明细科目下设置三级明细科目。

1.6.2 会计科目的设置

（1）会计科目设置的原则

各单位由于经济业务活动的具体内容、规模大小与业务繁简程度等情况不尽相同，因此在具体设置会计科目时，应考虑其自身特点和具体情况，但设置会计科目时都应遵循合法性原则、相关性原则和实用性原则。

企业在不违反会计准则中确认、计量和报告规定的前提下，可以根据本企业实际情况自行增设、分拆、合并会计科目。企业不存在的交易或者事项，可不设置相关会计科目。会计科目编号供企业填制会计凭证、登记会计账簿、查阅会计账目、采用会计软件系统时作为参考，企业可结合本企业的实际情况自行确定其他会计科目的编号。

（2）常用会计科目

企业的会计科目体系如表 1-1 所示。

表 1-1　常用会计科目

顺序号	编号	会计科目名称	顺序号	编号	会计科目名称
		一、资产类	18	1411	周转材料
1	1001	库存现金	19	1421	消耗性生物资产
2	1002	银行存款	20	1501	长期债券投资
3	1012	其他货币资金	21	1511	长期股权投资
4	1101	短期投资	22	1601	固定资产
5	1121	应收票据	23	1602	累计折旧
6	1122	应收账款	24	1604	在建工程
7	1123	预付账款	25	1605	工程物资
8	1131	应收股利	26	1606	固定资产清理
9	1132	应收利息	27	1621	生产性生物资产
10	1221	其他应收款	28	1622	生产性生物资产累计折旧
11	1401	材料采购	29	1701	无形资产
12	1402	在途物资	30	1702	累计摊销
13	1403	原材料	31	1801	长期待摊费用
14	1404	材料成本差异	32	1901	待处理财产损溢
15	1405	库存商品			二、负债类
16	1407	商品进销差价	33	2001	短期借款
17	1408	委托加工物资	34	2201	应付票据

顺序号	编号	会计科目名称	顺序号	编号	会计科目名称
35	2202	应付账款	51	4101	制造费用
36	2203	预收账款	52	4301	研发支出
37	2211	应付职工薪酬	53	4401	工程施工
38	2221	应交税费	54	4403	机械作业
39	2231	应付利息			五、损益类
40	2232	应付利润	55	5001	主营业务收入
41	2241	其他应付款	56	5051	其他业务收入
42	2401	递延收益	57	5111	投资收益
43	2501	长期借款	58	5301	营业外收入
44	2701	长期应付款	59	5401	主营业务成本
		三、所有者权益类	60	5402	其他业务成本
45	3001	实收资本	61	5403	税金及附加
46	3002	资本公积	62	5601	销售费用
47	3101	盈余公积	63	5602	管理费用
48	3103	本年利润	64	5603	财务费用
49	3104	利润分配	65	5711	营业外支出
		四、成本类	66	5801	所得税费用
50	4001	生产成本			

1.7 账务处理基础

1.7.1 借贷记账法

"有借必有贷，借贷必相等。"借贷记账法是以"借"和"贷"作为记账符号的一种复式记账法。

（1）借贷记账法下账户的基本结构

借贷记账法下，账户的左方称为借方，右方称为贷方。所有账户的借方和贷方按相反方向记录增加数和减少数，即一方登记增加额，另一方就登记减少额。至于"借"表示增加，还是"贷"表示增加，则取决于账户的性质与所记录经济内容的性质。

通常而言，资产、成本和费用类账户的增加用"借"表示，减少用"贷"表示；负债、所有者权益和收入类账户的增加用"贷"表示，减少用"借"表示。备抵账户的结构与所调整账户的结构正好相反。

（2）资产和成本类账户的结构

在借贷记账法下，资产类、成本类账户的借方登记增加额；贷方登记减少额；期末余额一般在借方，有时可能无余额。

期末借方余额＝期初借方余额＋本期借方发生额－本期贷方发生额

（3）负债和所有者权益类账户的结构

在借贷记账法下，负债类、所有者权益类账户的借方登记减少额；贷方登记增加额；期末余额一般在贷方，有时可能无余额。

期末贷方余额＝期初贷方余额＋本期贷方发生额－本期借方发生额

（4）损益类账户的结构

损益类账户主要包括收入类账户和费用类账户。

① 收入类账户的结构　在借贷记账法下，收入类账户的借方登记减少额；贷方登记增加额。本期收入净额在期末转入"本年利润"账户，用以计算当期损益，结转后无余额。

② 费用类账户的结构　在借贷记账法下，费用类账户的借方登记增加额；贷方登记减少额。本期费用净额在期末转入"本年利润"账户，用以计算当期损益，结转后无余额。

1.7.2　会计分录的编制

会计分录，简称分录，是对每项经济业务列示出应借、应贷的账户名称及其金额的一种记录。会计分录由应借应贷方向、相互对应的科目及其金额三个要素构成。在我国，会计分录记载于记账凭证中。

会计分录编制的步骤分下面几步：

① 根据经济业务确定涉及的账户。

② 确定账户的性质，是增加还是减少。

③ 根据账户的性质与增减，确定记入该账户的借方或贷方。

④ 确定应记的金额。

⑤ 根据"有借必有贷，借贷必相等"检查分录的正确性。

【例 1-1】2022 年 6 月 10 日，盛安公司开出商业汇票抵前欠万元钢材的材料款 50 000 元。

分析：

① 根据经济业务确定涉及应付账款和应付票据。

② 应付账款和应付票据都是负债类账户，应付票据增加，应付账款减少。

③ 根据"负债减少记借方，增加记贷方"确定该业务记入应付账款的借方，应付票据的贷方。

④ 确定借贷的金额都是 50 000 元。

会计分录如下：

借：应付账款   50 000

     贷：应付票据   50 000

第 2 章

货币资金业务账务处理与错弊分析

货币资金是指企业在生产经营过程中处于货币形态的那部分资产，主要包括库存现金、银行存款和其他货币资金。

2.1 库存现金业务

2.1.1 概念梳理

库存现金，是指企业为了满足日常经营过程中零星支付需要而保留的现金，是企业中流动性最强的货币资金。其限额由开户银行根据企业的实际需要核定。一般按照企业 3 ~ 5 天日常零星开支所需确定。

（1）库存现金的使用范围

根据《现金管理暂行条例》的规定，库存现金的使用范围主要包括以下八个方面：

① 职工工资、津贴。

② 个人劳务报酬。

③ 根据国家规定颁发给个人的科学技术、文化艺术、体育等的各种奖金。

④ 各种劳保、福利费用以及国家规定的对个人的其他支出。

⑤ 向个人收购农副产品和其他物资的款项。

⑥ 出差人员必须随身携带的差旅费。

⑦ 结算起点（1 000 元人民币）以下的零星支出。

⑧ 中国人民银行确定需要支付库存现金的其他支出。

（2）库存现金的收支规定

在日常的库存现金管理过程中，企业应严格遵守库存现金的收支规定，即常说的"现金管理八不准"。

① 不准用不符合财务制度的凭证顶替库存现金。

② 不准单位之间互相借用现金。

③ 不准谎报用途套取现金。

④ 不准利用银行账户代其他单位和个人存入或支取现金。

⑤ 不准将单位收入的现金以个人名义存入。

⑥ 不准保留账外公款。

⑦ 不准发行变相货币。

⑧ 不准以任何票券代替人民币在市场上流通。

2.1.2 科目档案

库存现金的科目档案如表 2-1 所示。

表 2-1 库存现金的科目档案

科目全称	库存现金		曾用名		现金
科目编号	1001		是否有备抵科目		无
使用频率	高		适用行业		全覆盖
明细科目	本科目一般没有子科目,特殊情况下设人民币与外币二级科目,企业有内部周转使用备用金的,可以单独设置"1004 备用金"科目				
科目方向	借		科目属性		资产类科目
科目借方含义	表示库存现金的收入		科目贷方含义		表示库存现金的支出
期末是否可以有余额	可以	期末余额意义	借方余额		反映企业持有的库存现金
			贷方余额		无
报表位置	资产负债表之流动资产		报表列示方式		列示在货币资金项目中
科目解释	本科目核算企业存放于企业财会部门、由出纳人员经管的、满足企业在经营过程中零星支付需要的货币				

库存现金的科目设置如表 2-2 所示。

表 2-2 库存现金的科目设置

一级科目		二级科目		三级科目	
科目编号	科目名称	科目编号	科目名称	科目编号	科目名称
1001	库存现金	100101	人民币		
		100102	外币	10010201	美元
				10010202	欧元
				10010203	日元
				10010204	其他

2.1.3 账务处理

(1)提取/缴存现金的核算

企业从银行提取现金时,根据支票存根所记载金额,借记"库存现金"科目,贷记"银行存款"科目;企业将现金存入银行时,根据进账单金额,借记"银行存款"科目,贷记"库存现金"科目。

【例 2-1】2022 年 1 月 10 日,盛安公司需用现金支付水电费,开具 10 000 元现金支票;并将当天现金收取的货款 22 600 元存入银行。

会计分录如下:

① 银行提取现金

借:库存现金　　　　　　　　　　　　　　　　　　　10 000

　　贷:银行存款　　　　　　　　　　　　　　　　　　　　10 000

② 现金存入银行

借：银行存款   22 600

    贷：库存现金   22 600

（2）现金收支的核算

① 现金收取货款时，借记"库存现金"科目，贷记"主营业务收入""应交税费"等科目，并将当日收到的现金存至银行。

【例2-2】2022年1月10日，业务部门收取货款22 600元并开具发票（不含税金额20 000元，税额2 600元）。

会计分录如下：

借：库存现金   22 600

    贷：主营业务收入   20 000

        应交税费   2 600

说明：此处"应交税费"应设置明细科目"应交税费 —— 应交增值税"（小规模纳税人）或"应交税费 —— 应交增值税（销项税额）"（一般纳税人），本节案例里的会计分录只对所介绍的科目档案的会计科目进行明细科目设置，下同。

② 企业职工因出差等公务原因向单位申请现金借款时，借记"其他应收款"科目，贷记"库存现金"科目；职工交回剩余借款并进行结算时，借记"销售费用""管理费用"等科目，贷记"其他应收款"科目。

【例2-3】2022年1月20日，盛安公司职工王某向企业申请现金借款5 000元，作为差旅费备用金；1月30日，王某报销差旅费，并交回借款200元。

会计分录如下：

① 借款

借：其他应收款   5 000

    贷：库存现金   5 000

② 报销

借：管理费用   4 800

    库存现金   200

    贷：其他应收款   5 000

（3）现金清查的核算

① 企业进行现金清查时发现的有待查明原因的现金溢余时，借记"库存现金"科目，贷记"待处理财产损溢"科目；否则，做相反分录。

【例2-4】2022年1月31日，盛安公司现金日记账余额900元，出纳清点实有现金为1 000元，现金溢余原因待查明。

会计分录如下：

借：库存现金   100

 贷：待处理财产损溢   100

② 企业针对现金溢余或短缺的情况，应及时查明原因。

属于现金溢余的查明原因后，借记"待处理财产损溢"科目，贷记"其他应付款""营业外收入"等科目；属于现金短缺的查明原因后，借记"管理费用""其他应收款"等科目，贷记"待处理财产损溢"科目。

【例2-5】承上例，现金溢余100元无法查明原因，2月28日经相关人员确认后，会计分录如下：

借：待处理财产损溢   100

 贷：营业外收入   100

2.1.4　错弊分析

【例2-6】2022年12月31日，盛安公司出纳发现现金短缺3 000元无法查明原因，最后被认定是偶然发生的损失。

会计分录如下：

借：营业外支出   3 000

 贷：待处理财产损溢   3 000

分析：对于无法查明原因的现金短缺，属于无法查明原因的，经批准后，借记"管理费用"科目，贷记"待处理财产损溢"科目。

会计分录如下：

借：管理费用   3 000

 贷：待处理财产损溢   3 000

2.2　银行存款业务

2.2.1　概念梳理

银行存款，是指企业存放在银行和其他金融机构的货币资金。按照国家现金管理和结算制度的规定，每个企业都要在银行开立账户，用来办理存款、取款和转账结算。其结算方式主要有银行汇票、银行本票、商业汇票、支票、信用卡等。

企业应按月与开户银行核对银行存款是否相符，查明银行存款收、付与余额的真实性。为了保证各银行账户未达账项正确、银行存款余额真实，在每月终了，都应按每个存款账户逐笔核对银行对账单。通过编制银行存款余额调节表，调节企业与银行双方账面存款余额的不一致。

企业与银行的存款余额不一致，受以下四种未达账项的影响：

① 银行已收款记账而企业尚未收款记账的款项。

② 银行已付款记账而企业尚未付款记账的款项。

③ 企业已收款记账而银行尚未收款记账的款项。

④ 企业已付款记账而银行尚未付款记账的款项。

调节后存款余额相等，则说明双方账目都没有错误，如果调节后存款余额不相等，应查明原因，进行更正。银行存款余额调节表调节相符后，应由编表人和财务部负责人签字；如发现重大错误或无法调节相符时，应向财务部负责人报告。

2.2.2　科目档案

银行存款的科目档案如表 2-3 所示。

表 2-3　银行存款的科目档案

科目全称	银行存款	曾用名		无
科目编号	1002	是否有备抵科目		无
使用频率	高	适用行业		全覆盖
明细科目	本科目可按照币种、开户行设置明细科目			
科目方向	借	科目属性		资产类科目
科目借方含义	表示银行存款增加（收入）的款项	科目贷方含义		表示银行存款减少（支出）的款项
期末是否可以有余额	可以	期末余额意义	借方余额	反映企业存在银行或其他金融机构的各种款项
			贷方余额	无
报表位置	资产负债表之流动资产	报表列示方式		列示在货币资金项目中
科目解释	本科目核算企业存放在银行和其他金融机构的货币资金			

银行存款的科目设置如表 2-4 所示。

表2-4 银行存款的科目设置

一级科目		二级科目		三级科目	
科目编号	科目名称	科目编号	科目名称	科目编号	科目名称
1002	银行存款	100201	人民币	10020101	中国银行
				10020102	工商银行
		100202	外币		
		100203	定期存款		

2.2.3　账务处理

（1）增加银行存款的核算

取得银行存款收入时，借记"银行存款"科目，贷记"主营业务收入""其他业务收入""应交税费""应收账款"等科目。

【例2-7】2022年3月10日，盛安公司收到乙公司销货款113 000元（其中含增值税税额13 000元），转账支票已缴存银行。

会计分录如下：

借：银行存款　　　　　　　　　　　　　　　　　113 000

　　贷：主营业务收入　　　　　　　　　　　　　　100 000

　　　　应交税费　　　　　　　　　　　　　　　　 13 000

（2）减少银行存款的核算

发生银行存款支出时，借记"库存商品""在建工程""应交税费（进项税额）""管理费用""应付账款"等科目，贷记"银行存款"科目。

【例2-8】2022年3月15日，盛安公司通过银行汇款方式向丙公司支付前期所欠货款100 000元。

会计分录如下：

借：应付账款　　　　　　　　　　　　　　　　　100 000

　　贷：银行存款　　　　　　　　　　　　　　　　100 000

2.2.4　错弊分析

【例2-9】盛安公司会计小张2022年1月有一笔凭证，将销售部收到的银行本票放入了其他货币资金科目。

会计分录如下：

借：其他货币资金　　　　　　　　　　　　　　　　56 500

> 贷：主营业务收入   50 000
>
>   应交税费   6 500

分析：其他货币资金虽然核算银行本票存款等，但是只是在向银行交付出款项办理银行本票时，才会使用"其他货币资金"科目，对通过销售等行为取得的银行本票，直接计入"银行存款"科目就可以了。

会计分录如下：

> 借：银行存款   56 500
>
>   贷：主营业务收入   50 000
>
>   应交税费   6 500

2.3 其他货币资金业务

2.3.1 概念梳理

其他货币资金是指企业除现金、银行存款以外的其他各种货币资金，即存放地点和用途均与现金和银行存款不同的货币资金。主要包括外埠存款、银行汇票存款、银行本票存款、信用证存款和在途货币资金。

外埠存款，是指企业到外地进行临时或零星采购时，汇往采购地银行开立采购专户的款项。

银行汇票存款，是指企业为取得银行汇票，按照规定存入银行的款项。银行汇票是由银行签发的异地结算凭证，付款期为 1 个月，除填明"现金"字样的银行汇票外，可以背书转让。

银行本票存款，是指企业为取得银行本票，按照规定存入银行的款项。银行本票是由银行签发的同城结算凭证，付款期为 2 个月，除填明"现金"字样的银行本票外，可以背书转让。银行本票分定额本票和非定额本票。

信用证存款，是指企业为取得银行信用证，按规定存入银行的款项。信用证结算是国际贸易的一种主要结算方式，向银行申请开立信用证应提交开证申请书、信用证申请人承诺书和购销合同。

在途货币资金，是指企业与所属单位或上下级之间汇解款项，在月终尚未到达，处于在途状态的资金。

2.3.2 科目档案

其他货币资金的科目档案如表 2-5 所示。

表 2-5 其他货币资金的科目档案

科目全称	其他货币资金	曾用名		无
科目编号	1012	是否有备抵科目		无
使用频率	一般	适用行业		全覆盖
明细科目	本科目应按照银行汇票或本票、信用卡发放银行、信用证的收款单位、外埠存款的开户银行，分"银行汇票""银行本票""信用卡""信用证保证金""外埠存款"等进行明细核算			
科目方向	借	科目属性		资产类科目
期末是否可以有余额	可以	期末余额意义	借方余额	反映企业持有的其他货币资金
			贷方余额	无
报表位置	资产负债表之流动资产	报表列示方式		列示在货币资金项目中
科目解释	本科目核算企业的银行汇票存款、银行本票存款、信用卡存款、信用证保证金存款、外埠存款、备用金等其他货币资金			

其他货币资金的科目设置如表 2-6 所示。

表 2-6 其他货币资金的科目设置

一级科目		二级科目	
科目编号	科目名称	科目编号	科目名称
1012	其他货币资金	101201	外埠存款
		101202	银行汇票存款
		101203	银行本票存款
		101204	信用证存款
		101205	信用卡存款
		101206	存出投资款

2.3.3 账务处理

（1）向银行申请办理银行本票业务的核算

企业申请开具银行本票并缴存款项时，借记"其他货币资金 —— 银行本票存款"科目，贷记"银行存款"科目；银行本票结算时，借记"原材料"等科目，贷记"其他货币资金 —— 银行本票存款"科目。

【例 2-10】2022 年 9 月 14 日，盛安公司出纳人员张小明向银行申请开具银行本票并缴存款项，用于购买一批生产用的原材料，价值 50 000 元，货款通过银行本票进行结算，会计分录如下：

借：其他货币资金 —— 银行本票存款   50 000

贷：银行存款	50 000
借：原材料	50 000
贷：其他货币资金 —— 银行本票存款	50 000

（2）向开户银行申请办理银行汇票的核算

企业申请开具银行汇票并缴存款项时，借记"其他货币资金 —— 银行汇票存款"科目，贷记"银行存款"科目；银行汇票结算时，借记"原材料"等科目，贷记"其他货币资金 —— 银行汇票存款"科目；接到银行收账通知，将未用完的银行汇票存款余额转回开户银行时，借记"银行存款"科目，贷记"其他货币资金 —— 银行汇票存款"科目。

【例 2-11】2022 年 9 月 14 日，盛安公司向开户银行申请办理银行汇票，公司开出汇票委托书并将款项 9 500 元交存银行取得银行汇票，并用银行汇票办理采购原料的结算，收到增值税专用发票，其中不含税金额 8 000 元，税额 1 040 元，材料已验收入库。结算完毕，收到开户行收账通知，汇票余款 460 元。

会计分录如下：

① 办理银行汇票

借：其他货币资金 —— 银行汇票存款	9 500
贷：银行存款	9 500

② 采购原材料

借：原材料	8 000
应交税费	1 040
贷：其他货币资金 —— 银行汇票存款	9 040

③ 余款转回

借：银行存款	460
贷：其他货币资金 —— 银行汇票存款	460

（3）信用证保证金存款的核算

企业向外商开出信用证时，借记"其他货币资金 —— 信用证保证金存款"科目，贷记"银行存款"科目；收到境外供应单位信用证结算凭证及所附发票账单，经核对无误后借记"材料采购"等科目，贷记"其他货币资金 —— 信用证保证金存款"科目；接到银行收账通知，将未用完的信用证保证金存款余额转回开户银行时，借记"银行存款"科目，贷记"其他货币资金 —— 信用证保证金存款"科目。

【例 2-12】盛安公司申请在银行对境外销售机构开出信用证 4 000 000 元，2022

年 3 月 10 日，收到境外销售机构信用证结算凭证及所附发票账单 3 390 000 元，其中包括增值税 390 000 元。结算完毕，收到开户行收账通知，信用证保证金存款余款 610 000 元。

会计分录如下：

① 办理信用证

借：其他货币资金 —— 信用证保证金 4 000 000

    贷：银行存款 4 000 000

② 发票账单报销

借：原材料 3 000 000

    应交税费 390 000

    贷：其他货币资金 —— 信用证保证金 3 390 000

③ 余额转回

借：银行存款 610 000

    贷：其他货币资金 —— 信用证保证金 610 000

（4）存出投资款的核算

企业向证券公司划出资金时，应按实际划出的金额，借记"其他货币资金 —— 存出投资款"科目，贷记"银行存款"科目；购买股票、债券等有价证券时，按实际发生的金额，借记"短期投资"科目，贷记"其他货币资金 —— 存出投资款"科目。

【例 2-13】盛安公司在证券公司开立第三方投资账户，2022 年 1 月盛安公司向投资账户存入 5 000 000 元，准备在二级市场购买股票。2022 年 2 月 13 日，盛安公司在二级市场购买股票，支付 2 000 000 元。

会计分录如下：

① 向投资账户存款时

借：其他货币资金 —— 存出投资款 5 000 000

    贷：银行存款 5 000 000

② 购买股票时

借：短期投资 2 000 000

    贷：其他货币资金 —— 存出投资款 2 000 000

2.3.4　错弊分析

【例 2-14】盛安公司会计小张 2022 年 1 月有一笔凭证，将销售部借用的备用金

1 000元记入了"其他货币资金"科目。

会计分录如下：

借：其他货币资金   1 000

    贷：银行存款   1 000

分析：据核实，销售部人员预借备用金用于日常费用支出，定期向财务部提供发票冲账。因此备用金不可以列入"其他货币资金"。

第 3 章

应收及预付款业务
账务处理与错弊分析

▼

应收及预付款项，是指企业在日常生产经营活动中发生的各项债权。包括：应收票据、应收账款、应收股利、应收利息、其他应收款等应收款项和预付账款。

3.1 应收票据业务

3.1.1 概念梳理

应收票据是指企业持有的、尚未到期兑现的商业票据。商业票据是一种载有一定付款日期、付款地点、付款金额和付款人无条件支付的流通证券，也是一种可以由持票人自由转让给他人的债权凭证。

按照到期时间，应收票据可分为短期应收票据和长期应收票据，如无特指，应收票据即为短期应收票据。应收票据常出现三种情况：应收账款延期；为新顾客提供信用；赊销商品。长期应收票据因长期合同而发生，包括销售机器设备等大型商品、提供贷款等，我国尚无长期应收票据业务。按是否带息，应收票据可以分为带息应收票据和不带息应收票据。带息应收票据是票面注明利息的应收票据，其利息应单独计算；不带息应收票据是票面不带利息的应收票据，其利息包含在票面本金中。

应收票据的到期日应按不同的约定方式来确定。如约定按日计算，则应以足日为准，在其计算时按"算尾不算头"的方式确定。例如，4 月 20 日开出的 60 天商业汇票的到期日为 6 月 19 日。如约定按月计算，则以足月为标准，在计算时按到期月份的对日确定，若到期月份无此对日，应按到期月份的最后日确定。例如，8 月 31 日开出的 3 个月商业汇票，到期日应为 11 月 30 日；若此汇票为 6 个月（商业汇票付款期不超过 6 个月），到期日应为下年的 2 月 28 日（若有 29 日，则为 29 日）。

应收票据的到期价值即商业汇票到期时的全部应支付款项，要根据票据是否带息来确定。若是不带息票据，到期价值就是票面价值，即本金；若是带息票据，到期价值为票据面值加上应计利息，其具体计算公式如下：

$$票据到期价值＝票据面值 \times （1 ＋票面利率 \times 票据期限）$$

上式中，利率一般以年利率表示；票据期限则用月或日表示，在实际业务中，为了计算方便，常把 1 年定为 360 天。例如，一张面值为 1 000 元，期限为 90 天，票面利率为 10% 的商业汇票，到期价值为 1 025 元 $[1 000 \times （1 ＋ 10\% \times 90 \div 360）]$。

3.1.2 科目档案

应收票据的科目档案如表 3-1 所示。

表 3-1 应收票据的科目档案

科目全称	应收票据	曾用名		无
科目编号	1121	是否有备抵科目		无
使用频率	一般	适用行业		全覆盖
明细科目	本科目应按照开出、承兑商业汇票的单位进行明细核算			
科目方向	借	科目属性		资产类科目
科目借方含义	取得的商业汇票面值	科目贷方含义		到期收回的票款或到期前向金融机构贴现的商业汇票的票面金额
期末是否可以有余额	可以	期末余额意义	借方余额	反映企业持有的商业汇票的票面金额
			贷方余额	无
报表位置	资产负债表之流动资产	报表列示方式		列示在应收票据项目中
科目解释	本科目核算企业因销售商品（产成品或材料，下同）、提供劳务等日常生产经营活动而收到的商业汇票（银行承兑汇票和商业承兑汇票）			

应收票据的科目设置如表 3-2 所示。

表 3-2 应收票据的科目设置

一级科目		二级科目		三级科目	
科目编号	科目名称	科目编号	科目名称	科目编号	科目名称
1121	应收票据	112101	A 公司	11210101	商业承兑汇票
				11210102	银行承兑汇票

3.1.3 账务处理

（1）收到商业汇票的核算

企业因销售商品、提供劳务等而收到开出、承兑的商业汇票，按照商业汇票的票面金额，借记"应收票据"科目，按照确认的营业收入，贷记"主营业务收入"等科目。涉及增值税销项税额的，还应当贷记"应交税费"科目。

【例 3-1】2022 年 9 月 16 日，盛安公司销售产品一批，增值税专用发票注明的价款 50 000 元，增值税 6 500 元。收到昌通公司开来的一张不带息 4 个月到期的商业承兑汇票，面值 56 500 元。会计分录如下：

借：应收票据 —— 昌通公司 —— 商业承兑汇票　　　　　56 500
　　贷：主营业务收入　　　　　　　　　　　　　　　　　　50 000
　　　　应交税费　　　　　　　　　　　　　　　　　　　　 6 500

（2）转让商业汇票的核算

将持有的商业汇票背书转让以取得所需物资，按照应计入取得物资成本的金额，借记"材料采购""原材料""库存商品"等科目，按照商业汇票的票面金额，贷记"应收票据"科目，如有差额，借记或贷记"银行存款"等科目。涉及按照税法规定可抵扣的增值税进项税额的，还应当借记"应交税费"科目。

【例3-2】盛安公司于2022年11月1日将上述票据背书给A公司，购入甲材料，增值税专用发票注明材料价格50 000元，增值税税额6 500元，甲材料已验收入库。

会计分录如下：

借：原材料　　　　　　　　　　　　　　　　　　　　50 000

　　应交税费　　　　　　　　　　　　　　　　　　　　6 500

　　　贷：应收票据 —— 昌通公司 —— 商业承兑汇票　　　56 500

（3）应收票据贴现的核算

持未到期的商业汇票向银行贴现，应按照实际收到的金额，借记"银行存款"科目，按照贴现息，借记"财务费用"科目，按照商业汇票的票面金额，贷记"应收票据""短期借款"科目。

【例3-3】盛安公司于2022年1月1日收到昌通公司开来的一张无息商业承兑汇票抵其前欠货款。面值60 000元，期限90天（到期日为2022年3月31日）。盛安公司于2022年2月15日向银行贴现该商业汇票。贴现率为8%。

票据贴现的计算：

票据的到期价值＝60 000元

票据的贴现期＝14天（2月）+31天（3月）＝45天

票据的贴现利息＝60 000×（8%÷360）×45＝600（元）

票据的贴现额＝60 000–600＝59 400（元）

会计分录如下：

借：银行存款　　　　　　　　　　　　　　　　　　　59 400

　　财务费用　　　　　　　　　　　　　　　　　　　　600

　　　贷：应收票据 —— 昌通公司 —— 商业承兑汇票　　　60 000

3.1.4　错弊分析

【例3-4】承【例3-3】，假设这是一笔银行附追索权的商业汇票贴现活动。则【例3-3】的会计分录是错误的。

分析：商业承兑汇票的付款人是除银行外的其他企业，到期付款人无力付款的可能性比较大，票据的风险比较高。持票人将商业承兑汇票向银行申请贴现时，贴现行会将商业承兑汇票作为附追索权的票据贴现处理。这种行为的经济实质是贴现企业短期融资而不是票据所有权的转让。

会计分录如下：

① 2022 年 2 月 15 日向银行贴现该商业汇票。

借：银行存款 59 400

财务费用 600

贷：短期借款 60 000

② 若到期日（2022 年 3 月 31 日）昌通公司承兑。

借：短期借款 60 000

贷：应收票据 60 000

③ 若到期日（2022 年 3 月 31 日）昌通公司无力承兑。

借：短期借款 60 000

贷：银行存款 60 000

借：应收账款 60 000

贷：应收票据 60 000

3.2 应收账款业务

3.2.1 概念梳理

应收账款是指企业因销售商品、提供劳务等经营活动，应向购货单位或接受劳务单位收取的款项，主要包括企业销售商品或提供劳务等应向有关债务人收取的价款及代购货单位垫付的包装费、运杂费等。

应收账款是伴随企业的销售行为发生而形成的一项债权。因此，应收账款的确认与收入的确认密切相关。通常在确认收入的同时，确认应收账款。

① 商业折扣是企业为促进商品销售而在商品价格上给予的价格扣除。由于此种折扣是一种为了渠道成员即将开展工作而使用的价目表的削减价格，在实现销售时同时发生，买卖双方都按扣减商业折扣后的价格成交，又因为发票价格就是扣除商业折扣后的实际售价，故可按发票价格计算销项税额。因此，会计上不需要专门对商业折扣进行账务处理。

② 现金折扣是指销货方在采用赊销方式销售货物或提供劳务时，为了鼓励购货

方及早偿还货款，按协议许诺给予购货方的一种债务扣除。例如，为了早日收回货款，购销双方会在合同中约定：购货方应在 30 天内付款，如果 10 天内付款，货款折扣 2%；10 天后 20 天内付款，货款折扣 1%；20 天后 30 天内全额付款。现金折扣发生在销货之后，是一种融资性质的理财费用，因此，计算销项税额时，现金折扣不得从销售额中减除，购销双方都需要对现金折扣进行账务处理。

③ 销售折让是指企业因售出商品的质量不合格等原因而在售价上给予的减让。确认销售收入之后发生销售折让，且不属于资产负债表日后事项的，应在发生时冲减当期销售商品收入，如按规定允许扣减增值税税额的，还应冲减已确认的应交增值税销项税额，注意不冲减已经确认的成本。

④ 销售退回是指企业售出的商品由于质量、品种不符合要求等原因而发生的退回。售出商品发生销售退回的，除属于资产负债表日后事项外，一般应在发生时冲减当期销售商品收入，同时冲减当期销售商品成本，如按规定允许扣减增值税税额的，应同时冲减已确认的应交增值税销项税额，同时收回库存商品。

3.2.2　科目档案

应收账款的科目档案如表 3-3 所示。

表 3-3　应收账款的科目档案

科目全称	应收账款	曾用名		无
科目编号	1122	是否有备抵科目		无
使用频率	高	适用行业		全覆盖
明细科目		按债务人设置明细科目		
科目方向	借	科目属性		资产类科目
科目借方含义	企业应收的款项	科目贷方含义		已收回的款项、转作商业汇票结算的款项等
期末是否可以有余额	可以	期末余额意义	借方余额	反映企业尚未收回的应收账款
			贷方余额	反映企业预收的款项
报表位置	资产负债表之流动资产	报表列示方式		列示在应收账款项目中
科目解释	本科目核算企业因销售商品、提供劳务等日常生产经营活动应收取的款项。不单独设置"预收账款"科目的企业，预收的账款也在"应收账款"科目的贷方核算			

应收账款的科目设置如表 3-4 所示。

表 3-4　应收账款的科目设置

一级科目		二级科目	
科目编号	科目名称	科目编号	科目名称
1122	应收账款	112201	××公司

3.2.3 账务处理

（1）销售商品或提供劳务的核算

企业因销售商品或提供劳务形成的应收账款，应当按照应收金额，借记"应收账款"科目，贷记"主营业务收入"或"其他业务收入"科目，按照税法规定应交纳的增值税销项税额，贷记"应交税费"科目，收回应收账款时，应按收回金额，借记"银行存款"或"库存现金"科目，贷记"应收账款"科目。

【例3-5】2022年7月1日，盛安公司采用托收承付结算方式向乙公司销售一批商品，货款30 000元，增值税税额3 900元，已办理托收手续。

会计分录如下：

① 销售产品

借：应收账款 —— 乙公司　　　　　　　　　　　　　　33 900

　　贷：主营业务收入　　　　　　　　　　　　　　　　　30 000

　　　　应交税费　　　　　　　　　　　　　　　　　　　3 900

② 收款

借：银行存款　　　　　　　　　　　　　　　　　　　　33 900

　　贷：应收账款 —— 乙公司　　　　　　　　　　　　　33 900

（2）商业折扣的核算

给予商业折扣的企业，在销售时直接扣除商业折扣后进行账务处理，分录同上。

【例3-6】盛安公司2022年1月20日销售一批产品，售价为100 000元，由于是批量销售，公司给予购货单位昌通公司10%的商业折扣。开出增值税专用发票，注明的价款90 000元，增值税11 700元。商品已经发出，货款未收。

商业折扣核算：

主营业务收入 = 100 000 × （1-10%） = 90 000（元）

应交税费（增值税）= 90 000 × 13% = 11 700（元）

应收账款 = 90 000+11 700 = 101 700（元）

会计分录如下：

借：应收账款 —— 昌通公司　　　　　　　　　　　　　101 700

　　贷：主营业务收入　　　　　　　　　　　　　　　　　90 000

　　　　应交税费　　　　　　　　　　　　　　　　　　11 700

（3）现金折扣的核算

企业发生的应收账款在有现金折扣的情况下，应按扣除现金折扣前的金额入账，实际发生现金折扣时将其记入"财务费用"科目。

【例3-7】盛安公司2022年1月20日向昌通公司销售一批产品，开出增值税专用发票，注明的价款100 000元，增值税13 000元。现金折扣条件为2/10，1/20，n/30，商品已经发出，货款未收。

会计分录如下：

借：应收账款 —— 昌通公司		113 000
贷：主营业务收入		100 000
应交税费		13 000

【例3-8】盛安公司于2022年1月25日收到上述货款，并存入银行。

现金折扣核算：

现金折扣（财务费用）= 113 000 × 2% = 2 260（元）

会计分录如下：

借：银行存款		110 740
财务费用		2 260
贷：应收账款 —— 昌通公司		113 000

【例3-9】若盛安公司于2022年2月5日收到货款。

现金折扣核算：

现金折扣（财务费用）= 113 000 × 1% = 1 130（元）

会计分录如下：

借：银行存款		111 870
财务费用		1 130
贷：应收账款 —— 昌通公司		113 000

3.2.4　错弊分析

【例3-10】2022年12月9日，盛安公司一客户（C公司）破产，根据清算程序，有应收账款400 000元不能收回。

会计分录如下：

借：坏账准备		400 000

　　　　贷：应收账款　　　　　　　　　　　　　　　　　　　　400 000

　　分析：两部准则在坏账损失方面的规定有所差异。

　　在《小企业会计准则》下，按照税法规定的资产损失税前扣除政策的条件确认，当资产发生减值损失确实发生时，采用直接转销法，直接借记"营业外支出"科目，贷记"应收账款"等科目，不得提前计提减值损失。

　　《企业会计准则》规定，当有客观证据表明该应收款项发生减值的，应当将该应收款项的账面价值与预计未来现金流量现值的差额确认为减值损失，计提减值准备，即采用备抵法，借记"资产减值损失"科目，贷记"坏账准备"科目。

　　本例依据《小企业会计准则》，会计分录如下：

　　借：营业外支出　　　　　　　　　　　　　　　　　　　　400 000

　　　　贷：应收账款　　　　　　　　　　　　　　　　　　　　400 000

3.3　预付账款业务

3.3.1　概念梳理

　　预付账款是指企业按照购货合同的规定，预先以货币资金或货币等价物支付供应单位的款项，如预付的材料、商品采购货款，必须预先发放的在以后收回的农副产品预购定金等。

　　预付账款通常是企业支付货款的常见方式，购货企业为了购入急需的商品，往往根据货款的总价事先支付给供货单位一定比例的货款，日后随着商品货物进入企业再支付剩余的货款。由于是事先付款，势必存在一定的风险，在我国因预付账款而造成企业坏账的情况并不少见。所以企业应加强预付账款的日常管理工作。发生预付款项时必须签订合同，合同经各有关部门会签后，上交一份财务部备查。同时为了节约货币资金的支出，供应部门应按照购货合同的规定，办理预付账款支付手续，严格控制各种预付款项的额度。

3.3.2　科目档案

　　预付账款的科目档案如表3-5所示。

表 3-5　预付账款的科目档案

科目全称	预付账款	曾用名		无
科目编号	1123	是否有备抵科目		无
使用频率	一般	适用行业		全覆盖
明细科目		本科目应按照对方单位（或个人）进行明细核算		
科目方向	借	科目属性		资产类科目
科目借方含义	企业向供货商预付的货款	科目贷方含义		企业收到所购物品应结转的预付货款
期末是否可以有余额	可以	期末余额意义	借方余额	反映企业预付的各种款项
			贷方余额	反映企业尚未支付的应付账款
报表位置	资产负债表之流动资产	报表列示方式		借方余额列示在预付账款项目；贷方余额列示在应付账款项目
科目解释	本科目核算企业按照合同规定预付的款项。预付款项情况不多的企业，也可以不设置本科目，将预付的款项直接记入"应付账款"科目借方			

预付账款的科目设置如表 3-6 所示。

表 3-6　预付账款的科目设置

一级科目		二级科目	
科目编号	科目名称	科目编号	科目名称
1123	预付账款	112301	×× 公司

3.3.3　账务处理

（1）预付货款的核算

企业因购货而预付的款项，借记"预付账款"科目，贷记"银行存款"等科目。

【例 3-11】盛安公司根据购销合同规定，2022 年 1 月 20 日预付昌河公司购货款 90 000 元订购甲材料。

会计分录如下：

借：预付账款 —— 昌河公司　　　　　　　　　　　　90 000

　　贷：银行存款　　　　　　　　　　　　　　　　　　　90 000

（2）收到采购物资的核算

收到所购物资，按照应计入购入物资成本的金额，借记"在途物资""原材料""库存商品"等科目，按照税法规定可抵扣的增值税进项税额，借记"应交税费"科目，按照应支付的金额，贷记"预付账款"科目。

【例 3-12】承上例，盛安公司 1 月 28 日收到甲材料和增值税专用发票，注明的价款 90 000 元，增值税 11 700 元。材料已经验收入库。

会计分录如下：

借：原材料　　　　　　　　　　　　　　　　　　　　　　90 000
　　应交税费　　　　　　　　　　　　　　　　　　　　　11 700
　　　贷：预付账款 —— 昌河公司　　　　　　　　　　　　　　101 700

（3）补付货款的核算

补付的款项，借记"预付账款"科目，贷记"银行存款"等科目；退回多付的款项，作相反的会计分录。

【例3-13】承上例，2022年5月28日，盛安公司将余款11 700元支付给昌河公司。

会计分录如下：

借：预付账款 —— 昌河公司　　　　　　　　　　　　　　11 700
　　　贷：银行存款　　　　　　　　　　　　　　　　　　　11 700

3.3.4　错弊分析

【例3-14】盛安公司根据购销合同规定，2022年1月20日预付昌河公司购货款90 000元订购甲材料；1月28日收到甲材料和增值税专用发票，注明的价款90 000元，增值税11 700元，材料已经验收入库；2022年5月28日，盛安公司将余款11 700元支付给昌河公司。

会计分录如下：

① 预付货款

借：预付账款 —— 昌河公司　　　　　　　　　　　　　　90 000
　　　贷：银行存款　　　　　　　　　　　　　　　　　　　90 000

② 材料验收入库

借：原材料　　　　　　　　　　　　　　　　　　　　　　90 000
　　应交税费　　　　　　　　　　　　　　　　　　　　　11 700
　　　贷：预付账款 —— 昌河公司　　　　　　　　　　　　　　90 000
　　　　　应付账款 —— 昌河公司　　　　　　　　　　　　　　11 700

③ 补付货款时

借：应付账款 —— 昌河公司　　　　　　　　　　　　　　11 700
　　　贷：银行存款　　　　　　　　　　　　　　　　　　　11 700

分析：已经援引"预付账款"科目的企业，在相关业务中，要贯彻可比性原则，不要随意更换会计科目。

3.4 其他应收款业务

3.4.1 概念梳理

其他应收款是企业应收款项的另一重要组成部分。其他应收款科目核算企业除买入返售金融资产、应收票据、应收账款、预付账款、应收股利、应收利息、应收代位追偿款、应收分保账款、应收分保合同准备金、长期应收款等以外的其他各种应收及暂付款项。其他应收款通常包括暂付款，是指企业在商品交易业务以外发生的各种应收、暂付款项。

（1）其他应收款的具体内容

① 应收的各种赔款、罚款。如因职工失职造成一定损失而应向该职工收取的赔款，或因企业财产等遭受意外损失而应向有关保险公司收取的赔款等。

② 应收出租包装物租金。

③ 应向职工收取的各种垫付款项，如为职工垫付的水电费，应由职工负担的医药费、房租费等。

④ 备用金（向企业各职能科室、车间、个人周转使用等拨出的备用金）。

⑤ 存出保证金，如租入包装物所支付的押金。

⑥ 预付账款转入。

⑦ 其他各种应收、暂付款项。

（2）其他应收款的日常管理注意问题

① 工作人员因公出差或工作需要须备用现金的，应填写借款单，注明使用时间及用途，经领导批准后方能借用公款。借款金额应严格控制，不得超过工作范围多借。

② 向员工收取的各种垫付款项，财务人员负责在规定时间内办理收款手续，财务人员有权通知借款滞报人员及时报账。

③ 借款人员必须及时还款或拿合法票据到财务部门报销，一般情况下当月结清，特殊情况下于次月办理完毕，但最迟不得跨年。

若企业实行定额备用金制度，对于领用的备用金应当定期向财务部门报销。财务部门根据报销数额用现金补足备用金定额，报销数和补充数都不再通过"其他应收款"科目核算。

3.4.2 科目档案

其他应收款的科目档案如表 3-7 所示。

表 3-7　其他应收款的科目档案

科目全称	其他应收款		曾用名		无
科目编号	1221		是否有备抵科目		无
使用频率	高		适用行业		全覆盖
明细科目	本科目应按照对方单位（或个人）进行明细核算				
科目方向	借		科目属性		资产类科目
科目借方含义	登记企业所发生的应收未收的赔款、罚款、租金，以及支付备用金等各种应收、暂付款项		科目贷方含义		登记收回应收、暂付款项或单位、个人报销预支款项
期末是否可以有余额	可以		期末余额意义	借方余额	反映企业尚未收回的其他应收款项
				贷方余额	无
报表位置	资产负债表之流动资产		报表列示方式		列示在其他应收款项目中
科目解释	本科目核算企业除应收账款、应收票据及预付账款以外的其他各种应收、暂付款项				

其他应收款的科目设置如表 3-8 所示。

表 3-8　其他应收款的科目设置

一级科目		二级科目		三级科目	
科目编号	科目名称	科目编号	科目名称	科目编号	科目名称
1221	其他应收款	122101	备用金	12210101	采购部
		122102	刘牧		
		122103	×× 公司		

3.4.3 账务处理

（1）确认其他应收款项的核算

企业发生的其他各种应收款项，借记"其他应收款"科目，贷记"库存现金""银行存款""固定资产清理"等科目。

【例 3-15】盛安公司的财务处对企业策划处建立定额备用金制度，核定的备用金定额为 10 000 元。2022 年 10 月 18 日，对备用金进行拨付。

会计分录如下：

借：其他应收款 —— 备用金（策划处）　　　　　　　　　　　10 000

　　贷：银行存款　　　　　　　　　　　　　　　　　　　　　　　　10 000

出口产品或商品按照税法规定应予退回的增值税款，借记"其他应收款"科目，贷记"应交税费"科目。

（2）收回其他应收款项的核算

收回其他各种应收款项，借记"库存现金""银行存款""应付职工薪酬"等科目，贷记"其他应收款"科目。

【例 3-16】2022 年 10 月 16 日，盛安公司将向甲公司租用的包装物按期退回，收到退回的包装物押金 10 000 元。

会计分录如下：

借：银行存款　　　　　　　　　　　　　　　　　10 000

　　贷：其他应收款 —— 甲公司　　　　　　　　　　　10 000

【例 3-17】2022 年 8 月 15 日，盛安公司发放工资时将替职工刘牧垫付的 500 元水电费从其工资中扣回。

会计分录如下：

借：应付职工薪酬　　　　　　　　　　　　　　　　500

　　贷：其他应收款 —— 刘牧　　　　　　　　　　　　500

（3）确认其他应收款实际发生的坏账损失的核算

确认其他应收款实际发生的坏账损失，应当按照可收回的金额，借记"银行存款"等科目，按照其账面余额，贷记"其他应收款"科目，按照其差额，借记"营业外支出"科目。

3.4.4　错弊分析

【例 3-18】2022 年 10 月 17 日，盛安公司为购买 A 材料，按协议约定向甲公司支付订金 20 000 元。

会计分录如下：

借：其他应收款 —— 甲公司　　　　　　　　　　　20 000

　　贷：银行存款　　　　　　　　　　　　　　　　20 000

分析：一般情况下，订金会抵付部分货款，不需收回，所以是作为预付款处理的。因此，交付订金的会计分录如下：

借：预付账款 —— 甲公司　　　　　　　　　　　　20 000

　　贷：银行存款　　　　　　　　　　　　　　　　20 000

第 4 章
存货业务账务处理
与错弊分析

存货，是指企业在日常生产经营过程中持有的以备出售的产成品或商品、处在生产过程中的在产品、将在生产过程或提供劳务过程中耗用的材料和物料等，以及企业（农、林、牧、渔业）为出售而持有的，或在将来收获为农产品的消耗性生物资产，包括原材料、库存商品、周转材料、消耗性生物资产、生产成本、制造费用等。

4.1 存货的确认和计量

4.1.1 存货的确认

存货必须在符合定义的前提下，同时满足下列两个条件，才能予以确认。

（1）与该存货有关的经济利益很可能流入企业

资产最重要的特征是预期会给企业带来经济利益。如果某一项目预期不能给企业带来经济利益，就不能确认为企业的资产。存货是企业的一项重要的流动资产，因此，对存货的确认，关键是判断其是否很可能给企业带来经济利益或其所包含的经济利益是否很可能流入企业。通常，拥有存货的所有权是与该存货有关的经济利益很可能流入本企业的一个重要标志。一般情况下，根据销售合同已经售出（取得现金或收取现金的权利），所有权已经转移的存货，因其所含经济利益已不能流入本企业，因而不能再作为企业的存货进行核算，即使该存货尚未运离企业。企业在判断与该存货有关的经济利益能否流入企业时，通常应结合考虑该存货所有权的归属，而不应当仅仅看其存放的地点等。

（2）该存货的成本能够可靠地计量

成本或者价值能够可靠地计量是资产确认的一项基本条件。存货作为企业资产的组成部分，要予以确认，也必须能够对其成本进行可靠的计量。存货的成本能够可靠地计量必以取得的确凿证据为依据，并且具有可验证性。如果存货成本不能可靠地计量，则不能确认为一项存货。如企业承诺的订货合同，由于并未实际发生，不能可靠确定其成本，因此就不能确认为企业的存货。

4.1.2 存货的初始计量

企业取得的存货，应当按照成本进行计量。存货成本包括采购成本、加工成本和其他成本三个组成部分。

企业在日常核算中采用计划成本法或售价金额法核算的存货成本，实质上也是存货的实际成本。比如，采用计划成本法，通过"材料成本差异"或"产品成本差异"科目将材料或产成品的计划成本调整为实际成本。采用售价金额法，通过"商品进销差价"科目将商品的售价调整为实际成本（进价）。

（1）外购存货的成本

外购存货的成本包括购买价款、相关税费、运输费、装卸费、保险费以及在外购存货过程中发生的其他直接费用，但不含按照税法规定可以抵扣的增值税进项税额。

① 存货的购买价款，是指企业购入的材料或商品的发票账单上列明的价款，但不包括按规定可以抵扣的增值税税额。

② 相关税费，包括计入存货成本的进口关税、消费税、资源税、不能抵扣的增值税等。

③ 外购存货过程中发生的其他直接费用，包括入库前发生的仓储费用、包装费、运输途中的合理损耗、入库前的挑选整理费用等。

（2）加工取得存货的成本

通过进一步加工取得的存货的成本包括直接材料、直接人工以及按照一定方法分配的制造费用。

① 直接材料，是指直接由材料存货转移来的价值。

② 直接人工，是指企业在生产产品过程中直接从事产品生产的工人的薪酬。

直接人工和间接人工的划分依据通常是生产工人是否与所生产的产品直接相关（即可否直接确定其服务的产品对象）。

③ 制造费用，是指企业为生产产品和提供劳务而发生的各项间接费用。制造费用是一种间接生产成本，包括企业生产部门（如生产车间）管理人员的职工薪酬、折旧费、办公费、水电费、机物料消耗、劳动保护费、季节性和修理期间的停工损失等。

（3）其他方式取得的存货的成本

企业取得存货的其他方式主要包括接受投资者投资、提供劳务等。

4.1.3　发出存货的计量

企业应当采用先进先出法、加权平均法或者个别计价法确定发出存货的实际成本。计价方法一经选用，不得随意变更。

企业应当根据各类存货的实物流转方式、企业管理的要求、存货的性质等实际情况，合理地选择发出存货成本的计算方法，以合理确定当期发出存货的实际成本。

对于性质和用途相似的存货，应当采用相同的成本计算方法确定发出存货的成本。企业在确定发出存货的成本时，可以采用先进先出法、加权平均法和个别计价法三种方法。企业不得采用后进先出法确定发出存货的成本。

（1）先进先出法

先进先出法，是指以先购入的存货应先发出（销售或耗用）的存货实物流动假设为前提，对发出存货进行计价。采用这种方法，先购入的存货成本在后购入存货成本之前转出，据此确定发出存货和期末存货的成本。

先进先出法的优点在于它的期末存货接近于当期成本。因为先进先出法假设最先购入的商品最先发出，因此期末存货金额中包含的是最近的购货成本。但其缺点则是无法实现收入与成本的配比，与当期收入相对应的是以前的成本，这就有可能扭曲利润。特别是当发生通货膨胀时，先进先出法将会低估存货的发出成本，从而虚增利润，加重企业的税务负担。

（2）加权平均法

加权平均法也称全月一次加权平均法，是指以当月全部进货数量加上月初存货数量作为权数，去除当月全部进货成本加上月初存货成本，计算出存货的加权平均单位成本，以此为基础计算当月发出存货的成本和期末存货的成本的一种方法。计算存货的平均单位成本的公式如下：

① 存货单位成本＝（月初库存存货的实际成本＋本月各批进货的实际成本之和）/（月初库存存货数量＋本月各批进货数量之和）

② 本月发出存货的成本＝本月发出存货的数量 × 存货单位成本

③ 本月月末库存存货成本＝月末库存存货的数量 × 存货单位成本

＝月初结存存货的实际成本＋本月收入存货的实际成本－本月发出存货的实际成本

（3）个别计价法

个别计价法也称个别认定法、具体辨认法、分批实际法，其特征是注重所发出存货具体项目的实物流转与成本流转之间的联系，逐一辨认各批发出存货和期末存货所属的购进批别或生产批别，分别按其购入或生产时所确定的单位成本计算各批发出存货和期末存货的成本。即把每一种存货的实际成本作为计算发出存货成本和期末存货成本的基础。对于不能替代使用的存货、为特定项目专门购入或制造的存货以及提供的劳务，通常采用个别计价法确定发出存货的成本。在实务中，越来越多的企业采用计算机信息系统进行会计处理，个别计价法可以广泛应用于发出存货的计价，并且个别计价法确定的存货成本最为准确。

4.2 原材料业务

4.2.1 概念梳理

原材料是指企业通过采购或其他方式取得的、直接或间接用于制造产品的各种物资，包括各种原材料及主要材料、辅助材料、外购半成品、修理用备件、包装材料、燃料。

4.2.2　科目档案

原材料的科目档案如表 4-1 所示。

表 4-1　原材料的科目档案

科目全称	原材料	曾用名		无
科目编号	1403	是否有备抵科目		无
使用频率	高	适用行业		全覆盖
明细科目	本科目应按照材料的保管地点（仓库），材料的类别、品种和规格等进行明细核算			
科目方向	借	科目属性		资产类科目
科目借方含义	登记企业各种渠道取得原材料的实际成本或计划成本	科目贷方含义		登记企业由于生产领用等原因减少原材料的实际成本或计划成本
期末是否可以有余额	可以	期末余额意义	借方余额	反映企业库存原材料的实际成本或计划成本
			贷方余额	无
报表位置	资产负债表之流动资产	报表列示方式		列示在存货项目中
科目解释	本科目核算企业库存的各种材料，包括原料及主要材料、辅助材料、外购半成品（外购件）、修理用备件（备品备件）、包装材料、燃料等的计划成本或实际成本			

原材料的科目设置如表 4-2 所示。

表 4-2　原材料的科目设置

一级科目		二级科目		三级科目	
科目编号	科目名称	科目编号	科目名称	科目编号	科目名称
1403	原材料	140301	原料及主要材料	14030101	A 材料
		140302	辅助材料	14030201	B 材料
		140303	外购半成品	14030301	C 材料
		140304	燃料	14030401	D 材料

4.2.3　账务处理

（1）按实际成本计价原材料的核算

① 企业购入并已验收入库的材料，按照实际成本，借记"原材料"科目，贷记"在途物资""应付账款"等科目。涉及按照税法规定可抵扣的增值税进项税额的，还

应当借记"应交税费"科目。

【例4-1】盛安公司2022年3月10日，向甲公司购买材料。增值税专用发票注明：A材料300千克，售价90 000元；B材料700千克，售价140 000元。增值税进项税额29 900元。材料已经到达。款项尚未支付。

会计分录如下：

借：原材料——A材料   90 000

   ——B材料   140 000

  应交税费   29 900

 贷：应付账款   259 900

② 购入的材料已经到达并已验收入库，但在月末尚未办理结算手续的，可按照暂估价值入账，借记"原材料""周转材料"等科目，贷记"应付账款"科目；待下月月初用红字做同样的会计分录予以冲回，以便下月收到发票账单等结算凭证时，按照正常程序进行账务处理。

③ 自制并已验收入库的材料，按照实际成本，借记"原材料"科目，贷记"生产成本"科目。

④ 取得投资者投入的原材料，应当按照评估价值，借记"原材料"科目，贷记"实收资本""资本公积"科目。涉及增值税进项税额的，还应当进行相应的账务处理。

【例4-2】盛安公司2022年3月10日，收到盛明公司投资的A材料，增值税专用发票注明价款100 000元，增值税13 000元。

会计分录如下：

借：原材料——A材料   100 000

  应交税费   13 000

 贷：实收资本   113 000

⑤ 生产经营领用材料，按照实际成本，借记"生产成本""制造费用""销售费用""管理费用"等科目，贷记"原材料"科目。

【例4-3】2022年3月31日，盛安公司汇总A材料发出情况：生产甲产品领用50 000元，车间管理部门领用5 000元，管理部门领用6 000元。

会计分录如下：

借：生产成本   50 000

  制造费用   5 000

| 管理费用 | 6 000 |
| 贷：原材料——A 材料 | 61 000 |

⑥ 出售材料结转成本，按照实际成本，借记"其他业务成本"科目，贷记"原材料"科目。

⑦ 发给外单位加工的材料，按照实际成本，借记"委托加工物资"科目，贷记"原材料"科目。外单位加工完成并已验收入库的材料，按照加工收回材料的实际成本，借记"原材料"科目，贷记"委托加工物资"科目。

⑧ 清查盘点，发现盘盈、盘亏、毁损的原材料，按照实际成本（或估计价值），借记或贷记"原材料"科目，贷记或借记"待处理财产损溢"科目。

（2）按计划成本计价原材料的核算

采用计划成本进行材料日常核算的企业，日常领用、发出原材料均按照计划成本记账。月末，按照发出各种原材料的计划成本计算应负担的成本差异，实际成本大于计划成本，借记"生产成本""制造费用""销售费用""管理费用""委托加工物资""其他业务成本"等科目，贷记"材料成本差异"科目；实际成本小于计划成本的差异做红字会计分录。

4.2.4　错弊分析

【例 4-4】2022 年 3 月，盛安公司工会领用原材料一批，价值 20 000 元，作为福利发放给职工。

会计分录如下：

| 借：应付职工薪酬 | 20 000 |
| 贷：原材料 | 20 000 |

分析：根据《中华人民共和国增值税暂行条例》第十条的规定，用于非增值税应税项目、免征增值税项目、集体福利或者个人消费的购进货物或者应税劳务，其进项税额不得从销项税额中抵扣。

所以该笔业务的处理应同时转出进项税额。

会计分录如下：

借：应付职工薪酬	22 600
贷：原材料	20 000
应交税费	2 600

4.3 库存商品业务

4.3.1 概念梳理

库存商品是指企业已完成全部生产过程并已验收入库，合乎标准规格和技术条件，可以按照合同规定的条件送交订货单位，或可以作为商品对外销售的产品以及外购或委托加工完成验收入库用于销售的各种商品。

4.3.2 科目档案

库存商品的科目档案如表 4-3 所示。

表 4-3 库存商品的科目档案

科目全称	库存商品		曾用名	产成品
科目编号	1405		是否有备抵科目	无
使用频率	高		适用行业	全覆盖
明细科目	本科目应按照库存商品的种类、品种和规格设置子科目			
科目方向	借		科目属性	资产类科目
科目借方含义	登记生产进仓的待售产品		科目贷方含义	登记销售或其他原因而减少的商品
期末是否可以有余额	可以	期末余额意义	借方余额	反映各种库存商品的实际成本或计划成本
			贷方余额	无
报表位置	资产负债表之流动资产		报表列示方式	列示在存货项目中
科目解释	本科目核算企业库存的各种商品的实际成本（或进价）或计划成本（或售价），包括库存产品、外购商品、存放在门市部准备出售的商品、发出展览的商品以及寄存在外的商品等。接受来料加工制造的代制品和为外单位加工修理的代修品，在制造和修理完成验收入库后，视同企业的产成品，也通过本科目核算			

库存商品的科目设置如表 4-4 所示。

表 4-4 库存商品的科目设置

一级科目		二级科目	
科目编号	科目名称	科目编号	科目名称
1405	库存商品	140501	A 产品

4.3.3 账务处理

（1）按实际成本计价库存商品的核算

① 产品完工验收入库的核算　生产完成验收入库的产成品，按照其实际成本，借记"库存商品"科目，贷记"生产成本"等科目。

【例4-5】盛安公司2022年3月31日，根据产成品入库单和产品成本计算单，本月生产完工验收入库A产品500件，单位成本100元。

会计分录如下：

借：库存商品——A产品　　　　　　　　　　　　　　50 000
　　贷：生产成本　　　　　　　　　　　　　　　　　　50 000

② 结转已销售产品的生产成本的核算　对外销售产成品，借记"主营业务成本"科目，贷记"库存商品"科目。

【例4-6】盛安公司2022年3月31日，本月共销售产品400件，单位成本100元/件。

会计分录如下：

借：主营业务成本　　　　　　　　　　　　　　　　　40 000
　　贷：库存商品——A产品　　　　　　　　　　　　　40 000

（2）按计划成本计价库存商品的核算

采用计划成本核算的，发出产成品还应结转产品成本差异，将发出产成品的计划成本调整为实际成本。

（3）采用售价金额法计价库存商品的核算

购入商品到达验收入库后，按照商品的实际成本或售价，借记"库存商品"科目，贷记"库存现金""银行存款""在途物资"等科目。涉及增值税进项税额的，还应进行相应的处理。按照售价与进价之间的差额，贷记"商品进销差价"科目。

对外销售商品结转销售成本或售价，借记"主营业务成本"科目，贷记"库存商品"科目。月末，分摊已销商品的进销差价，借记"商品进销差价"科目，贷记"主营业务成本"科目。

4.3.4 错弊分析

【例4-7】盛安公司2022年3月15日，将100件A产品捐赠给甲单位。账面成本为 100 元 / 件，公允价值为 120 元 / 件。

会计分录如下：

借：营业外支出   10 000

    贷：库存商品——A 产品   10 000

分析：无偿赠送货物（用于公益事业的除外），视同销售货物。

会计分录如下：

借：营业外支出   11 300

    贷：库存商品   10 000

          应交税费   1 300

4.4　周转材料业务

4.4.1　概念梳理

周转材料，是指企业能够多次使用、逐渐转移其价值但仍保持原有形态，不确认为固定资产的材料，如包装物和低值易耗品等，以及建筑承包企业的钢模板、木模板、脚手架和其他周转使用的材料等。

企业应当采用一次转销法或者五五摊销法对低值易耗品和包装物进行摊销。

（1）一次转销法

一次转销法是指领用或发出周转材料时，将其全部价值一次转入当期产品成本和期间费用等科目的摊销方法。这种摊销方法手续简便，适用于单位价值较低、使用期短、容易磨损、各期领用数量不多且均衡的包装物或低值易耗品。

（2）五五摊销法

五五摊销法是指领用或发出周转材料时，摊销其价值的一半，报废时再摊销其价值的另一半的摊销方法。这种方法能够反映在用周转材料的成本，有利于企业加强日常管理，一般适用于价值较大的低值易耗品或出租、出借频繁、数量多、金额大的包装物。

4.4.2　科目档案

周转材料的科目档案如表 4-5 所示。

表 4-5　周转材料的科目档案

科目全称	周转材料		曾用名		无
科目编号	1411		是否有备抵科目		无
使用频率	高		适用行业		全覆盖
明细科目	本科目应按照周转材料种类等设置子科目				
科目方向	借		科目属性		资产类科目
科目借方含义	登记购入及其他原因增加的周转材料的价值		科目贷方含义		登记售出及其他原因减少的周转材料的价值
期末是否可以有余额	可以		期末余额意义	借方余额	反映周转材料的摊余价值
				贷方余额	无
报表位置	资产负债表之流动资产		报表列示方式		列示在存货项目中
科目解释	本科目核算企业委托外单位加工的各种物资的实际成本				

周转材料的科目设置如表 4-6 所示。

表 4-6　周转材料的科目设置

一级科目		二级科目		三级科目	
科目编号	科目名称	科目编号	科目名称	科目编号	科目名称
1411	周转材料	141101	包装物	14110101	在库
				14110102	在用
				14110103	摊销
		141102	低值易耗品	14110201	在库
				14110202	在用
				14110203	摊销

注：包装物数量不多的企业，也可以不设置"周转材料"科目，将包装物并入"原材料"科目核算。

4.4.3　账务处理

企业购入、自制、委托外单位加工完成并验收入库的周转材料，以及对周转材料的清查盘点，比照"原材料"科目的相关规定进行账务处理。

（1）领用周转材料的核算——一次转销法

一次转销法下，领用周转材料时，借记"管理费用""销售费用""制造费用""其他业务成本"等科目，贷记"周转材料"科目。

【例 4-8】2022 年 4 月 4 日，盛安公司生产车间两用专用模具，价值 500 元，采用一次转销法摊销。

会计分录如下：

借：制造费用　　　　　　　　　　　　　　　　　　　　　500

　　贷：周转材料——低值易耗品　　　　　　　　　　　　　　　500

（2）领用周转材料的核算——五五摊销法

【例4-9】2022年4月，盛安公司销售部门领用包装物，价值10 000元，出租给A公司。

会计分录如下：

① 领用包装物。

借：周转材料——包装物（在用）　　　　　　　　　　　10 000

　　贷：周转材料——包装物（在库）　　　　　　　　　　　10 000

② 同时，摊销包装物价值的50%。

借：其他业务成本　　　　　　　　　　　　　　　　　　5 000

　　贷：周转材料——包装物（摊销）　　　　　　　　　　　5 000

（3）周转材料的其他核算

【例4-10】盛安公司2022年3月，生产完工一批包装物100个，单价100元。

会计分录如下：

借：周转材料——包装物（在库）　　　　　　　　　　　10 000

　　贷：生产成本　　　　　　　　　　　　　　　　　　　10 000

【例4-11】承【例4-9】，2022年10月，该批包装物如数收回，并能继续使用。

会计分录如下：

借：周转材料——包装物（在库）　　　　　　　　　　　10 000

　　贷：周转材料——包装物（在用）　　　　　　　　　　　10 000

4.4.4　错弊分析

【例4-12】2022年3月5日，盛安公司随产品销售出借包装铁桶100只，每只计划成本40元，押金按每只45元收取，当月包装物成本差异率为+2%。该批包装物成本采用五五摊销法。2022年10月，铁桶按时收回，但是已经不能继续使用，变卖残值200元。

会计分录如下：

（1）出借铁桶时

借：周转材料——包装物（在用）　　　　　　　　　　　4 000

　　贷：周转材料——包装物（在库）　　　　　　　　　　　4 000

（2）摊销包装物价值的50%

借：销售费用　　　　　　　　　　　　　　　　　　　　2 040

  贷：周转材料——包装物（摊销）   2 000

    材料成本差异   40

 （3）收到押金

 借：银行存款   4 500

  贷：其他应付款   4 500

 （4）收回铁桶

 借：银行存款   200

  贷：销售费用   200

 （5）摊销包装物价值的 50%

 借：销售费用   2 040

  贷：周转材料——包装物（摊销）   2 000

    材料成本差异   40

  分析：发出时就分摊成本差异是不恰当的，因为采用一次或分次摊销时，在出库月末分摊成本差异；采用五五摊销法时，在收不回或报废月末分摊成本差异。所以分摊成本差异应在 2022 年 10 月包装物报废时处理。

  会计分录如下：

 借：销售费用   80

  贷：材料成本差异   80

4.5 生产成本业务

4.5.1 概念梳理

  生产成本是指企业生产经营过程中的实际消耗，是生产过程中各种资源利用情况的货币表示，是衡量企业技术和管理水平的重要指标。

  企业应当根据生产特点和成本管理的要求，选择适合于本企业的成本核算对象、成本项目和成本计算方法。企业发生的各项生产费用，应当按照成本核算对象和成本项目分别归集。

  ① 属于材料费、人工费等直接费用，直接计入基本生产成本和辅助生产成本。

  ② 属于辅助生产车间为生产产品提供的动力等直接费用，可以先作为辅助生产成本进行归集，然后按照合理的方法，分配计入基本生产成本；也可以直接计入所生

产产品发生的生产成本。

③ 其他间接费用应当作为制造费用进行归集，月度终了，再按一定的分配标准，分配计入有关产品的成本。

4.5.2　科目档案

生产成本的科目档案如表 4-7 所示。

表 4-7　生产成本的科目档案

科目全称	生产成本		曾用名		无
科目编号	4001		是否有备抵科目		无
使用频率	高		适用行业		全覆盖
明细科目	本科目应按照可以按基本生产成本、辅助生产成本自行设置子科目进行核算				
科目方向	借		科目属性		成本类科目
科目借方含义	发生的生产成本和应负担的制造费用		科目贷方含义		验收入库的产成品和自制的半成品
期末是否可以有余额	可以	期末余额意义		借方余额	反映企业尚未加工完成的在产品成本
				贷方余额	无
报表位置	资产负债表之流动资产		报表列示方式		列示在存货项目中
科目解释	本科目核算企业进行工业性生产，发生的各种产成品、半成品、自制材料、自制工具和自制设备等生产费用				

生产成本的科目设置如表 4-8 所示。

表 4-8　生产成本的科目设置

一级科目		二级科目	
科目编号	科目名称	科目编号	科目名称
4001	生产成本	400101	基本生产成本
		400102	辅助生产成本

4.5.3　账务处理

（1）车间领用材料的核算

车间领用材料，借记"生产成本（直接生产成本、辅助生产成本）"科目，贷记"原材料"科目。

【例 4-13】2022 年 3 月，盛安公司生产甲、乙两种产品领用主要材料 49 000 千克，单价 10 元。本月投产的甲产品为 100 件，乙产品 200 件。甲产品的材料消耗定额为 30 千克，乙产品的材料消耗定额为 20 千克。供电车间领用 4 000 元该种材料。

领用材料的计算：

分配率＝ 490 000 ÷（ 100 × 30+200 × 20）＝ 490 000 ÷（ 3 000+4 000）＝ 70（元 / 千克）

甲产品应分配的材料成本＝ 3 000 × 70 ＝ 210 000（元）

乙产品应分配的材料成本＝ 4 000 × 70 ＝ 280 000（元）

会计分录如下：

借：生产成本——基本生产成本（甲产品）	210 000
（乙产品）	280 000
——辅助生产成本（供电车间）	4 000
贷：原材料	494 000

（2）车间分配工资的核算

车间工人工资的分配（计提），借记"生产成本（直接生产成本、辅助生产成本）"科目，贷记"应付职工薪酬"科目。

【例 4-14】2022 年 3 月，盛安公司共支付职工工资 410 000 元。其中，生产工人工资 360 000 元，规定按生产工时比例分配。甲产品生产工时为 260 000 小时，乙产品生产工时为 140 000 小时。辅助车间工人工资 50 000 元。

分配工资的计算：

分配率＝ 360 000 ÷（ 260 000+140 000）＝ 360 000 ÷ 400 000 ＝ 0.9（元 / 小时）

甲产品工人工资＝ 260 000 × 0.9 ＝ 234 000（元）

乙产品工人工资＝ 140 000 × 0.9 ＝ 126 000（元）

会计分录如下：

借：生产成本——基本生产成本（甲产品）	234 000
（乙产品）	126 000
——辅助生产成本（供电车间）	50 000
贷：应付职工薪酬	410 000

（3）应分摊制造费用的核算

车间分摊制造费用，借记"生产成本（直接生产成本、辅助生产成本）"科目，贷记"制造费用"科目。

【例 4-15】2022 年 3 月，盛安公司应分摊制造费用 38 600 元。其中，甲产品

15 400 元，乙产品 10 200 元，供电车间 13 000 元。

会计分录如下：

借：生产成本——基本生产成本（甲产品）   15 400

    （乙产品）   10 200

  ——辅助生产成本（供电车间）   13 000

  贷：制造费用   38 600

（4）分配辅助生产费用的核算

辅助生产车间为基本生产车间、企业管理部门和其他部门提供的劳务和产品，在月末按照一定的分配标准分配给各受益对象，借记"基本生产成本""管理费用""销售费用""其他业务成本""在建工程"等科目，贷记"辅助生产成本"科目。

【例 4-16】2022 年 3 月，盛安公司供电车间直接发生的费用为 80 800 元。本月辅助生产劳务供应通知单内容如下：供电车间共提供 202 000 度电，其中甲产品耗用 114 000 度，乙产品耗用 72 000 度，行政管理部门耗用 16 000 度。

辅助生产费用的计算：

分配率 = 80 800 ÷ 202 000 = 0.4（元 / 度）

甲产品负担的供电车间费用 = 114 000 × 0.4 = 45 600（元）

乙产品负担的供电车间费用 = 72 000 × 0.4 = 28 800（元）

行政管理部门负担的供电车间费用 = 16 000 × 0.4 = 6 400（元）

会计分录如下：

借：生产成本——基本生产成本（甲产品）   45 600

    （乙产品）   28 800

  管理费用   6 400

  贷：生产成本——辅助生产成本（供电车间）   80 800

（5）完工产品成本的核算

【例 4-17】2022 年 3 月，结转盛安公司完工产品成本，其中：甲产品 281 000 元，乙产品 495 000 元。

会计分录如下：

借：库存商品——甲产品   281 000

  ——乙产品   495 000

  贷：生产成本——基本生产成本（甲产品）   281 000

    （乙产品）   495 000

4.5.4 错弊分析

【例4-18】企业在生产经营过程中，暂估入库的原材料被领用不用进行账务处理。错。

分析：企业在生产经营过程中，会存在暂估入库的材料被各部门领用的情况。对于暂估入库的材料，在领用时，按照暂估数计入相关成本。

借：生产成本——甲产品（暂估数）

　　贷：原材料（暂估数）

产生的差异在获得实际数据后也应予以调整。假如暂估数大于实际数，则：

借：生产成本——甲产品（红字差异）

　　贷：原材料（红字差异）

明细账也要和正常采购原材料的明细账一样进行登记。

4.6 制造费用业务

4.6.1 概念梳理

制造费用是指企业为生产产品和提供劳务而发生的各项间接费用。

制造费用的分配一般根据制造费用的性质，合理选择分配方法。也就是说，企业所选择的制造费用分配方法，必须与制造费用的发生具有较密切的相关性，并且使分配到每种产品上的制造费用金额科学合理，同时还应适当考虑计算手续的简便。在各种产品之间分配制造费用的方法，通常有按生产工人工资、按生产工人工时、按机器工时、按耗用原材料的数量或成本、按直接成本（原材料、燃料、动力、生产工人工资等职工薪酬之和）及按产成品产量等。

月末，企业应当根据在产品数量的多少、各月在产品数量变化的大小、各项成本比重的大小以及定额管理基础的好坏等具体条件，采用适当的分配方法将制造费用在完工产品与在产品之间进行分配。常用的分配方法有：不计算在产品成本法、在产品按固定成本计价法、在产品按所消耗直接材料成本计价法、约当产量比例法、在产品按定额成本计价法、定额比例法等。

4.6.2 科目档案

制造费用的科目档案如表4-9所示。

表4-9 制造费用的科目档案

科目全称	制造费用	曾用名		无
科目编号	4101	是否有备抵科目		无
使用频率	高	适用行业		全覆盖
明细科目	本科目应按照其不同的车间、部门和费用项目自行设置子科目进行核算			
科目方向	借	科目属性		成本类科目
科目借方含义	车间在组织生产过程中发生的各项间接费用	科目贷方含义		会计期间按受益对象分配转出的制造费用
期末是否可以有余额	一般无余额，但是企业发生季节性停产或临时停产时，可能会有借方余额	期末余额意义	借方余额	无
			贷方余额	无
报表位置	资产负债表之流动资产	报表列示方式		列示在存货项目中
科目解释	本科目核算企业生产车间为生产产品和提供劳务而发生的各项间接费用			

制造费用的科目设置如表4-10所示。

表4-10 制造费用的科目设置

一级科目		二级科目	
科目编号	科目名称	科目编号	科目名称
		410101	车间管理人员工资
4101	制造费用	410102	劳动保护费
		……	

4.6.3 账务处理

① 生产车间发生的机物料消耗、车间管理人员工资、设备折旧等，借记"制造费用"科目，贷记"原材料""应付职工薪酬""累计折旧"等科目。

【例4-19】2022年3月，盛安公司生产车间一般性耗用材料5 000元；生产车间管理人员工资20 000元；生产车间厂房、设备共计提折旧30 000元。

会计分录如下：

借：制造费用   55 000

    贷：原材料   5 000

        应付职工薪酬   20 000

        累计折旧   30 000

② 生产车间支付的办公费、修理费、水电费等，借记"制造费用"科目，贷记

"银行存款"等科目。

【例4-20】2022年3月21日，盛安公司收到自来水公司开来的增值税专用发票，票面不含税金额20 000元，税额1 800元。银行转账方式付讫。根据耗用量，生产车间负担10 000元。

会计分录如下：

借：制造费用   10 000

  管理费用   10 000

  应交税费   1 800

  贷：银行存款   21 800

③ 季节性生产企业。发生季节性的停工损失，借记"制造费用"科目，贷记"原材料""应付职工薪酬""银行存款"等科目。

季节性生产企业制造费用全年实际发生数与分配数的差额，除其中属于为下一年开工生产作准备的可留待下一年分配外，其余部分实际发生额大于分配额的差额，借记"生产成本——基本生产成本"科目，贷记"制造费用"科目；实际发生额小于分配额的差额，做相反的会计分录。

④ 归集并分配制造费用的核算。月末，将本月发生的制造费用总额通过"制造费用"科目的借方发生额合计计算出来。选用一定的分配标准，将制造费用总额在有关的成本核算对象之间采用比例分配法进行分配。借记"生产成本"等科目，贷记"制造费用"科目。

【例4-21】2022年3月，盛安公司制造费用发生额合计为528 000元。假设本公司采用"生产工时比例法"对制造费用予以分配。已知：甲产品生产工时为260 000小时，乙产品生产工时为140 000小时。

制造费用的计算：

分配率 = 528 000 ÷（260 000+140 000）= 528 000 ÷ 400 000 = 1.32（元/小时）

甲产品分配的制造费用 = 260 000 × 1.32 = 343 200（元）

乙产品分配的制造费用 = 140 000 × 1.32 = 184 800（元）

会计分录如下：

借：生产成本——基本生产成本（甲产品）   343 200

        （乙产品）   184 800

  贷：制造费用   528 000

4.6.4 错弊分析

【例4-22】盛安公司基本生产车间全年制造费用计划为234 000元，全年各种产品的计划产量：甲产品19 000件，乙产品6 000件，丙产品8 000件。单件产品工时定额：甲产品5小时，乙产品7小时，丙产品7.25小时。12月份实际产量：甲产品1 800件，乙产品700件，丙产品500件。12月份实际发生制造费用20 600元。制造费用账户月初余额（贷方）340元。按年度计划分配率法分配制造费用并编制会计分录。

（1）全年制造费用分配的核算

年度计划分配率＝234 000÷（19 000×5+6 000×7+8 000×7.25）＝1.2（元/小时）

甲产品负担的制造费用＝1 800×5×1.2＝10 800（元）

乙产品负担的制造费用＝700×7×1.2＝5 880（元）

丙产品负担的制造费用＝500×7.25×1.2＝4 350（元）

会计分录如下：

借：生产成本——甲产品	10 800
——乙产品	5 880
——丙产品	4 350
贷：制造费用	21 030

（2）制造费用账户年末余额分配的核算

制造费用账户年末余额＝340+21 030−20 600＝770（元）

分配率＝770÷（1 800×5+700×7+500×7.25）＝0.0439（元/小时）

甲产品负担的制造费用＝1 800×5×0.0439＝395.10（元）

乙产品负担的制造费用＝700×7×0.0439＝215.10（元）

丙产品负担的制造费用＝500×7.25×0.0439＝159.80（元）

会计分录如下：

借：生产成本——甲产品	395.10
——乙产品	215.10
——丙产品	159.80
贷：制造费用	700

分析：年终时，实际发生额20 600元小于计划分配额21 370（340+21 030）元，应将差额−770元调整冲减12月份的产品成本。

制造费用分配的计算：

制造费用账户年末余额＝20 600−340−21 030＝−770（元）

分配率＝770÷（1 800×5+700×7+500×7.25）＝0.0439（元/小时）

甲产品调减制造费用＝1 800×5×0.0439＝395.10（元）

乙产品调减制造费用＝700×7×0.0439＝215.10（元）

丙产品调减制造费用＝500×7.25×0.0439＝159.80（元）

会计分录如下：

借：制造费用	770
贷：生产成本——甲产品	395.10
——乙产品	215.10
——丙产品	159.80

第 5 章

固定资产业务账务处理与错弊分析

5.1 固定资产的概念和确认条件

5.1.1 固定资产的概念

固定资产，是指企业为生产产品、提供劳务、出租或经营管理而持有的，使用寿命超过1年的有形资产。企业的固定资产包括：房屋、建筑物、机器、机械、运输工具、设备、器具、工具等。

（1）固定资产的特征

从固定资产的定义看，固定资产具有以下三个特征：

① 固定资产是为生产商品、提供劳务、出租或经营管理而持有。企业持有固定资产的目的是生产商品、提供劳务、出租或经营管理，这意味着，企业持有的固定资产是企业的劳动工具或手段，而不是直接用于出售的产品。其中"出租"的固定资产，指用于出租的机器设备类固定资产，不包括以经营租赁方式出租的建筑物，后者属于企业的投资性房地产，不属于固定资产。

② 固定资产使用寿命超过一个会计年度。固定资产的使用寿命，是指企业使用固定资产的预计期间，或者该固定资产所能生产产品或提供劳务的数量。通常情况下，固定资产的使用寿命，是指使用固定资产的预计期间，如自用房屋建筑物的使用寿命或使用年限。某些机器设备或运输设备等固定资产，其使用寿命往往以该固定资产所能生产产品或提供劳务的数量来表示，例如，汽车按其预计行驶里程估计使用寿命。固定资产使用寿命超过一个会计年度，意味着固定资产属于长期资产，随着使用和磨损，通过计提折旧方式逐渐减少账面价值。对固定资产计提折旧，是对固定资产进行后续计量的内容。

③ 固定资产为有形资产。固定资产具有实物特征，这一特征将固定资产与无形资产区别开来。有些无形资产可能同时符合固定资产的其他特征，如无形资产为生产商品、提供劳务而持有，使用寿命超过一个会计年度，但是，由于其没有实物形态，所以不属于固定资产。

（2）固定资产的分类

① 按经济用途分：生产经营用固定资产和非生产经营用固定资产。

② 按所有权分：自有固定资产和租入固定资产。

③ 按使用情况分：

a.使用中：季节性、大修停用；经营性出租；内部替换使用。

b. 未使用：新增尚未交付使用；改扩建暂停使用。

c. 不需用固定资产。

④ 综合分类：生产经营用固定资产、非生产经营用固定资产、租出固定资产、不需用固定资产、未使用固定资产、土地、融资租入固定资产。

5.1.2　固定资产的确认条件

固定资产在符合定义的前提下，应当同时满足以下两个条件，才能加以确认。

（1）与该固定资产有关的经济利益很可能流入企业

企业在确认固定资产时，需要判断与该固定资产有关的经济利益是否很可能流入企业。如果与该固定资产有关的经济利益很可能流入企业，并同时满足固定资产确认的其他条件，那么，企业应将其确认为固定资产；否则，不应将其确认为固定资产。

（2）该固定资产的成本能够可靠地计量

成本能够可靠地计量是资产确认的一项基本条件。企业在确定固定资产成本时必须取得确凿证据，但是，有时需要根据所获得的最新资料，对固定资产的成本进行合理的估计。比如，企业对于已达到预定使用状态但尚未办理竣工结算的固定资产，需要根据工程预算、工程造价或者工程实际发生的成本等资料，按估计价值确定成本，办理竣工结算后，再按照实际成本调整原来的暂估价值。

5.2　固定资产初始计量业务

5.2.1　概念梳理

固定资产的初始计量，是指固定资产初始成本的确定。企业固定资产的形成有多种渠道，如外购、自建、接受投资、接受捐赠、非货币性资产交换、债务重组等方式。

成本包括企业为购建某项固定资产达到预定可使用状态前所发生的一切合理的、必要的支出。在实务中，企业取得固定资产的方式是多种多样的，包括外购、自行建造、投资者投入以及融资租入等，取得的方式不同，其成本的具体构成内容及确定方法也不尽相同。

（1）外购固定资产的成本

外购固定资产的成本，包括购买价款、相关税费、运输费、装卸费、保险费、安装费等，但不含按照税法规定可以抵扣的增值税进项税额。

（2）自行建造固定资产

自行建造固定资产的成本，由建造该项资产在竣工决算前发生的支出（含相关的借款费用）构成，包括工程物资成本、人工成本、缴纳的相关税费、应予资本化的借款费用以及应分摊的间接费用等。

企业自行建造固定资产包括自营建造和出包建造两种方式。无论采用何种方式，所建工程都应当按照实际发生的支出确定其工程成本并单独核算。

（3）其他方式取得的固定资产的成本

企业取得固定资产的其他方式主要包括接受投资者投资、融资租入、盘盈固定资产等。

① 投资者投入固定资产的成本　投资者投入固定资产的成本，应当按照评估价值和相关税费确定。

② 融资租入的固定资产的成本　融资租入的固定资产的成本，应当按照租赁合同约定的付款总额和在签订租赁合同过程中发生的相关税费等确定。

③ 盘盈固定资产的成本　盘盈固定资产的成本，应当按照同类或者类似固定资产的市场价格或评估价值，扣除按照该项固定资产新旧程度估计的折旧后的余额确定。

5.2.2　科目档案

固定资产的科目档案如表 5-1 所示。

表 5-1　固定资产的科目档案

科目全称	固定资产		曾用名		无
科目编号	1601		是否有备抵科目		无
使用频率	高		适用行业		全覆盖
明细科目	本科目应按照固定资产的类别和项目设置子科目				
科目方向	借		科目属性		资产类科目
科目借方含义	登记企业各种方式取得固定资产的原始价值		科目贷方含义		登记企业固定资产的减少额
期末是否可以有余额	可以		期末余额意义	借方余额	反映企业期末结存固定资产的原始价值
				贷方余额	无
报表位置	资产负债表之非流动资产		报表列示方式		列示在固定资产项目中
科目解释	本科目核算企业持有的固定资产原价。建造承包商的临时设施，以及企业购置计算机硬件所附带的、未单独计价的软件，也通过本科目核算				

固定资产的科目设置如表 5-2 所示。

表 5-2 固定资产的科目设置

一级科目		二级科目	
科目编号	科目名称	科目编号	科目名称
1601	固定资产	160101	×× 设备

5.2.3 账务处理

（1）购入不需要安装的固定资产的核算

企业购入（含以分期付款方式购入）不需要安装的固定资产，应当按照实际支付的购买价款、相关税费（不包括按照税法规定可抵扣的增值税进项税额）、运输费、装卸费、保险费等，借记"固定资产"科目，按照税法规定可抵扣的增值税进项税额，借记"应交税费"科目，贷记"银行存款""长期应付款"等科目。

【例 5-1】盛安公司 2022 年 1 月 1 日购入不需要安装的全新生产设备 A 一台，价款 300 000 元，增值税款 39 000 元。已用银行存款支付。

会计分录如下：

借：固定资产——设备 A   300 000

     应交税费   39 000

   贷：银行存款   339 000

（2）购入需要安装的固定资产的核算

企业购入需要安装的固定资产，应当按照实际支付的购买价款、相关税费（不包括按照税法规定可抵扣的增值税进项税额）、运输费、装卸费、保险费、安装费等，借记"在建工程"科目，按照税法规定可抵扣的增值税进项税额，借记"应交税费"科目，贷记"银行存款"等科目。

（3）企业接受捐赠取得的固定资产

企业接受捐赠取得的固定资产，借记"固定资产""应交税费"等科目，贷记"营业外收入"科目。

【例 5-2】盛安公司 2022 年 1 月 1 日，接受甲企业捐赠新机床 B 一台（不需要安装）。增值税专用发票价格为 100 000 元（与税法规定确定的价值相同），增值税 13 000 元，运输费 1 000 元。

会计分录如下：

借：固定资产——机床   101 000

     应交税费   13 000

贷：营业外收入　　　　　　　　　　　　　　　　　114 000

5.2.4　错弊分析

【例 5-3】盛安公司购入一台需要安装的设备，增值税专用发票上的设备买价为 100 000 元，增值税税率为 13%。安装费 10 000 元，增值税税率 9%。设备的价款已用银行存款支付，设备已安装完毕交付使用。

会计分录如下：

借：固定资产　　　　　　　　　　　　　　　　110 000
　　应交税费　　　　　　　　　　　　　　　　　13 900
　　贷：银行存款　　　　　　　　　　　　　　　123 900

分析：企业购入需要安装的固定资产，应通过"在建工程"科目进行账务处理。

会计分录如下：

① 支付设备款

借：在建工程　　　　　　　　　　　　　　　　100 000
　　应交税费　　　　　　　　　　　　　　　　　13 000
　　贷：银行存款　　　　　　　　　　　　　　　113 000

② 支付安装费用

借：在建工程　　　　　　　　　　　　　　　　　10 000
　　应交税费　　　　　　　　　　　　　　　　　　900
　　贷：银行存款　　　　　　　　　　　　　　　　10 900

③ 安装完成交付使用

借：固定资产　　　　　　　　　　　　　　　　110 000
　　贷：在建工程　　　　　　　　　　　　　　　110 000

5.3　固定资产后续计量业务

5.3.1　概念梳理

5.3.1.1　固定资产折旧

（1）固定资产折旧的定义

固定资产折旧，是指在固定资产使用寿命内，按照确定的方法对应计折旧额进行系统分摊。

企业应当根据固定资产的性质和使用情况，并考虑税法的规定，合理确定固定资产的使用寿命和预计净残值。固定资产的使用寿命、预计净残值一经确定，不得随意变更。

（2）影响固定资产折旧的因素

影响固定资产折旧的因素主要有以下几个方面：

① 固定资产原价，指固定资产成本。

② 预计净残值，是指假定固定资产预计使用寿命已满，企业从该项固定资产处置中获得的扣除预计处置费用后的净额。

③ 固定资产的使用寿命，是指企业使用固定资产的预计期间，或者该固定资产所能生产产品或者提供劳务的数量。企业固定资产折旧是固定资产由于磨损和损耗而逐渐转移的价值。

企业在确定固定资产的使用寿命时，主要应当考虑下列因素：

a. 预计生产能力或实物产量。

b. 预计有形损耗或无形损耗。

c. 法律或者类似规定对资产使用的限制。

（3）固定资产折旧的范围、年限

① 除以下情况外，企业应该对所有固定资产计提折旧：

a. 房屋、建筑物以外未投入使用的固定资产。

b. 以经营租赁方式租入的固定资产。

c. 已提足折旧仍继续使用的固定资产。

② 确认计提折旧的范围注意事项

a. 固定资产应当按月计提折旧，并根据固定资产的受益对象计入相关资产成本或者当期损益。固定资产应自达到预定可使用状态时开始计提折旧，终止确认时或划分为持有待售非流动资产时停止计提折旧。为了简化核算，当月增加的固定资产，当月不计提折旧，从下月起计提折旧；当月减少的固定资产，当月仍计提折旧，从下月起不计提折旧。

b. 固定资产提足折旧后，不论是否继续使用，均不再计提折旧，提前报废的固定资产也不再补提折旧。所谓提足折旧，是指已经提足该项固定资产的应计折旧额。

c. 已达到预定可使用状态但尚未办理竣工决算的固定资产，应当按照估计价值确定其成本，并计提折旧；待办理竣工决算后再按实际成本调整原来的暂估价值，但不需要调整原已计提的折旧额。

d. 除国务院财政、税务主管部门另有规定外，固定资产计提折旧的最低年限如下：

- 房屋、建筑物，20年。
- 机器、机械和其他生产设备，10年。
- 与生产经营活动有关的器具、工具、家具等，5年，
- 飞机、火车、轮船以外的运输工具，4年。
- 电子设备，3年。

（4）固定资产折旧方法

企业应当根据与固定资产有关的经济利益的预期实现方式合理选择折旧方法。企业应当按照年限平均法（即直线法）计提折旧。由于技术进步等原因，企业的固定资产确需加速折旧的，可以采用双倍余额递减法和年数总和法。企业选用不同的固定资产折旧方法，将影响固定资产使用寿命期间内不同时期的折旧费用，因此，固定资产的折旧方法一经确定，不得随意变更。

① 年限平均法　年限平均法又称直线法，是指将固定资产的应计折旧额均衡地分摊到固定资产预计使用寿命内的一种方法。采用这种方法计算的每期折旧额均相等，并且计算简单，便于理解。

计算公式：

$$年折旧率 = \frac{1 - 预计净残值率}{预计使用年限}$$

$$年折旧额 = 固定资产原值 \times 年折旧率$$

$$月折旧额 = 固定资产原值 \times 年折旧率 \div 12$$

$$年折旧额 = \frac{原始价值 - （预计残值 - 清理费用）}{预计使用年限}$$

② 工作量法　工作量法是按照固定资产在规定的折旧年限内可以完成工作量（如汽车的行驶里程、机器设备的工作时间等）的比例计算折旧额的一种方法。按照这种方法可以正确地为各月使用程度变化相对较大的固定资产计提折旧。其计算公式为：

$$单位工作量折旧额 = \frac{固定资产原价 \times （1 - 预计净残值率）}{预计总工作量}$$

某项固定资产月折旧额 = 该项固定资产当月工作量 $\times$ 单位工作量折旧额

③ 双倍余额递减法　双倍余额递减法是指在不考虑固定资产残值的情况下，根据每期期初固定资产账面余额和双倍的直线法折旧率计算固定资产折旧的一种方法。

其计算公式为：

$$年折旧率 = \frac{2}{预计固定资产折旧年限} \times 100\%$$

月折旧率＝年折旧率÷12

月折旧额＝固定资产账面净值×月折旧率

④ 年数总和法 年数总和法是将固定资产的原值减去净残值后的净额乘以一个逐年递减的分数计算每年折旧额的方法。其计算公式如下：

年折旧率＝尚可使用的年数÷预计使用年限的年数总和

月折旧率＝年折旧率÷12

年折旧额＝（固定资产原值−预计净残值）×年折旧率

月折旧额＝（固定资产原值−预计净残值）×月折旧率

5.3.1.2　固定资产的后续支出

固定资产的后续支出，是指固定资产使用过程中发生的更新改造支出、修理费用等。后续支出的处理原则为：符合固定资产确认条件的，应当计入固定资产成本，同时将被替换部分的账面价值扣除；不符合固定资产确认条件的，应当计入当期损益。固定资产的后续支出通常包括固定资产在使用过程中发生的日常修理费、大修理费用、改建支出、房屋的装修费用等。

（1）改建支出

固定资产的改建支出，是指改变房屋或者建筑物结构、延长使用年限等发生的支出。固定资产的改建支出，应当计入固定资产的成本。

（2）日常修理支出

固定资产的日常修理费，应当在发生时根据固定资产的受益对象计入相关资产成本或者当期损益。

（3）与固定资产后续支出有关的长期待摊费用

长期待摊费用核算企业已经发生但应由本期和以后各期负担的分摊期限在 1 年以上的各项费用，主要包括：已提足折旧的固定资产的改建支出、经营租入固定资产的改建支出、固定资产的大修理支出和其他长期待摊费用等。

5.3.1.3　固定资产清查

企业应定期或者至少于每年年末对固定资产进行清查盘点，以保证固定资产核算的真实性。在固定资产清查过程中，如果发现盘盈、盘亏的固定资产，应当填制固定资产盘盈、盘亏报告表，清查固定资产的损益，应及时查明原因，并按照规定程序报批处理。

5.3.2 科目档案

累计折旧的科目档案如表 5-3 所示。

表 5-3　累计折旧的科目档案

科目全称	累计折旧	曾用名		无
科目编号	1602	是否有备抵科目		无
使用频率	高	适用行业		全覆盖
明细科目	本科目应按照固定资产的类别和项目设置子科目			
科目方向	贷	科目属性		资产类科目
科目借方含义	登记因固定资产减少而转出的折旧额	科目贷方含义		登记企业固定资产计提的累计折旧的金额
期末是否可以有余额	可以	期末余额意义	借方余额	无
			贷方余额	反映企业期末已计提的固定资产的折旧额
报表位置	资产负债表之非流动资产	报表列示方式		列示在累计折旧项目中
科目解释	本科目核算企业在报告期末提取的各年固定资产折旧累计数			

累计折旧的科目设置如表 5-4 所示。

表 5-4　累计折旧的科目设置

一级科目		二级科目	
科目编号	科目名称	科目编号	科目名称
1602	累计折旧	160201	×× 设备

5.3.3 账务处理

（1）固定资产计提折旧

企业每期计提折旧时，借记"制造费用""管理费用""销售费用""其他业务支出"等科目，贷记"累计折旧"科目。

【例 5-4】盛安公司 2022 年 7 月份的固定资产折旧数据如下：

① A 车间：厂房折旧 4 600 元，设备折旧 16 000 元。

② B 车间：厂房折旧 3 000 元，设备折旧 14 000 元。

③ 厂部：房屋折旧 1 800 元，车辆折旧 900 元。

④ 出租设备折旧 2 000 元。

会计分录如下：

借：制造费用	37 600	
管理费用	2 700	
其他业务支出	2 000	
贷：累计折旧		42 300

（2）固定资产的后续支出

① 在固定资产使用过程中发生的修理费，应当按照固定资产的受益对象，借记"制造费用""管理费用"等科目，贷记"银行存款"等科目。

【例5-5】2022 年 2 月 7 日，盛安公司专设销售机构的设备委托外单位维修，通过银行存款支付修理费 1 000 元，增值税税额 130 元。

本案例中的维修费是为了维持固定资产的正常运转和使用，进行的必要维护，不满足固定资产的确认条件，记入发生当期的损益即可。

会计分录如下：

借：销售费用	1 000	
应交税费	130	
贷：银行存款		1 130

② 固定资产的大修理支出，借记"长期待摊费用"科目，贷记"银行存款"等科目。

③ 对固定资产进行改扩建时，应当按照该项固定资产账面价值，借记"在建工程"科目；按照其已计提的累计折旧，借记"累计折旧"科目；按照其原价，贷记"固定资产"科目。

5.3.4 错弊分析

【例5-6】2022 年 3 月，盛安公司生产车间的机床委托外单位维修，通过银行存款支付修理费 5 000 元，增值税税额 450 元。

会计分录如下：

借：制造费用	5 000	
应交税费	450	
贷：银行存款		5 450

企业生产车间（部门）和行政管理部门等发生的固定资产修理费用等后续支出，

记入"管理费用"科目；企业发生的与专设销售机构相关的固定资产修理费用等后续支出，记入"销售费用"科目。

会计分录如下：

借：管理费用   5 000

  应交税费   450

   贷：银行存款   5 450

5.4 固定资产处置业务

5.4.1 概念梳理

固定资产满足下列条件之一的，应当予以终止确认：

① 该固定资产处于处置状态。固定资产处置包括固定资产的出售、转让、报废或毁损、对外投资、非货币性资产交换、债务重组等。对于处置状态的固定资产不再用于生产商品、提供劳务、出租或经营管理，因此不再符合固定资产的定义，应予终止确认。

② 该固定资产预期通过使用或处置不能产生经济利益。固定资产的确认条件之一是"与该固定资产有关的经济利益很可能流入企业"，如果一项固定资产预期通过使用或处置不能产生经济利益，就不再符合固定资产的定义和确认条件，应予终止确认。

5.4.2 科目档案

固定资产处置一般通过"固定资产清理"科目进行核算。固定资产清理的科目档案如表5-5所示。

表5-5 固定资产清理的科目档案

科目全称	固定资产清理	曾用名	无
科目编号	1606	是否有备抵科目	无
使用频率	高	适用行业	全覆盖
明细科目	本科目应按照固定资产项目设置子科目		
科目方向	借	科目属性	资产类科目
科目借方含义	登记固定资产转入清理的净值和清理过程中发生的费用	科目贷方含义	登记收回出售固定资产的价款、残料价值和变价收入

期末是否可以有余额	可以	期末余额意义	借方余额	企业尚未清理完毕的固定资产清理净损失
			贷方余额	企业尚未清理完毕的固定资产清理净收益
报表位置	资产负债表之非流动资产	报表列示方式		列示在固定资产清理项目中
科目解释	本科目核算企业因出售、报废和毁损、对外投资、非货币性资产交换、债务重组等原因转入清理的固定资产价值以及在清理过程中所发生的清理费用和清理收入等			

固定资产清理的科目设置如表 5-6 所示。

表 5-6　固定资产清理的科目设置

一级科目		二级科目		三级科目	
科目编号	科目名称	科目编号	科目名称	科目编号	科目名称
1606	固定资产清理	160601	不动产	16060101	厂房
		160602	车间设备	16060201	A 设备
		160603	车辆	16060301	货车

5.4.3　账务处理

企业因出售、报废或毁损、对外投资、非货币性资产交换、债务重组等处置固定资产,其会计处理一般经过以下几个步骤:

① 固定资产转入清理。固定资产转入清理时,按固定资产账面价值,借记"固定资产清理"科目;按已计提的累计折旧,借记"累计折旧"科目;按固定资产账面余额,贷记"固定资产"科目。

② 发生的清理费用。固定资产清理过程中发生的有关费用以及应支付的相关税费,借记"固定资产清理"科目,贷记"银行存款""应交税费"等科目。

③ 出售收入和残料等的处理。企业收回出售固定资产的价款、残料价值和变价收入等,应冲减清理支出。按实际收到的出售价款以及残料变价收入等,借记"银行存款""原材料"等科目,贷记"固定资产清理"科目。

④ 保险赔偿的处理。企业计算或收到的应由保险公司或过失人赔偿的损失,应冲减清理支出,借记"其他应收款""银行存款"等科目,贷记"固定资产清理"科目。

⑤ 清理净损益的处理。固定资产清理完成后的净损失,属于生产经营期间正常

的处理损失，借记"营业外支出——处理固定资产净损失"科目，贷记"固定资产清理"科目；属于生产经营期间由于自然灾害等非正常原因造成的，借记"营业外支出——非常损失"科目，贷记"固定资产清理"科目。固定资产清理完成后的净收益，借记"固定资产清理"科目，贷记"营业外收入"科目。

【例 5-7】盛安公司出售一台闲置未用的车床，设备原价 200 000 元，已提折旧 90 000 元。按协商价 100 000 元收款，支付相关税金 2 000 元，同时用银行存款支付拆卸费用 20 000 元。

会计分录如下：

① 出售固定资产转入清理

借：固定资产清理	110 000
累计折旧	90 000
贷：固定资产	200 000

② 支付拆卸费用

| 借：固定资产清理 | 20 000 |
| 　　贷：银行存款 | 20 000 |

③ 收到出售设备价款 100 000 元，并支付相关税金 2 000 元

借：银行存款	100 000
贷：固定资产清理	100 000
借：固定资产清理	2 000
贷：应交税费	2 000
借：应交税费	2 000
贷：银行存款	2 000

④ 结转出售设备净损失：110 000+20 000+2 000-100 000 ＝ 32 000（元）

| 借：营业外支出 | 32 000 |
| 　　贷：固定资产清理 | 32 000 |

5.4.4　错弊分析

【例 5-8】2022 年 12 月 31 日，丁公司执行《小企业会计准则》，该企业生产线存在可能发生减值的迹象，市场售价大幅度下降。经测算该生产线可收回金额为 1 230 000 元，账面价值为 1 400 000 元，以前年度未对该生产线计提过减值准备。

账面与可收回金额之间的差额为170 000元，计提固定资产减值准备。会计分录为：

借：资产减值损失　　　　　　　　　　　　　　　　　　　170 000

　　贷：固定资产减值准备　　　　　　　　　　　　　　　　　　170 000

分析：《小企业会计准则》中并不需要对固定资产进行减值测试，也不需要计提减值准备。

第 6 章

无形资产业务账务处理与错弊分析

6.1 无形资产初始计量业务

6.1.1 概念梳理

无形资产有广义和狭义之分，在知识经济时代，广义的无形资产打破了传统的范畴，形式越来越多样化，如绿色食品标志使用权、ISO 9000 质量认证体系、环境管理体系认证、人力资源、注册的域名、企业形象、企业精神等，使无形资产的内容变得日益丰富，已成为企业生存发展的基石。狭义的无形资产，是指企业为生产产品、提供劳务、出租或经营管理而持有或控制的，没有实物形态的可辨认非货币性资产，包括专利权、非专利技术、商标权、著作权和土地使用权等。

（1）取得无形资产的计量

无形资产应当按照成本进行计量，即以取得无形资产并使之达到预定用途而发生的全部支出，作为无形资产的成本。

无形资产的取得渠道主要有外购、自行开发、投资者投入、接受捐赠等，对于不同来源取得的无形资产，其初始成本的构成也不尽相同。

① 外购无形资产的成本。外购的无形资产，其成本包括购买价款、相关税费和相关的其他支出（含相关的借款费用）。其中，直接归属于使该项资产达到预定用途所发生的其他支出，包括使无形资产达到预定用途所发生的专业服务费用、测试无形资产是否能够正常发挥作用的费用等，但不包括为引入新产品进行宣传发生的广告费、管理费用及其他间接费用，也不包括在无形资产已经达到预定用途以后发生的费用。

② 投资者投入的无形资产的成本，应当按照评估价值和相关税费确定。

（2）内部开发的无形资产的计量

内部开发活动形成的无形资产，其成本由可直接归属于该资产的创造、生产并使该资产能够以管理层预定的方式运作的所有必要支出组成。可直接归属于该资产的成本包括：

① 开发该无形资产时耗费的材料费、劳务成本、注册费。

② 在开发该无形资产过程中使用的其他专利权和特许权的摊销，以及按照借款费用的处理原则可以资本化的利息支出。

③ 为使该无形资产达到预定用途前所发生的其他费用。

在开发无形资产过程中发生的除上述可直接归属于无形资产开发活动的其他销售

费用、管理费用等间接费用；无形资产达到预定用途前发生的可辨认的无效和初始运作损失；为运行该无形资产发生的培训支出等，不构成无形资产的开发成本。

值得强调的是，内部开发无形资产的成本仅包括在满足资本化条件的时点至无形资产达到预定用途前发生的支出总和，对于同一项无形资产在开发过程中达到资本化条件之前已经费用化计入损益的支出不再进行调整。

6.1.2　科目档案

无形资产的科目档案如表 6-1 所示。

表 6-1　无形资产的科目档案

科目全称	无形资产	曾用名		无
科目编号	1701	是否有备抵科目		有
使用频率	高	适用行业		全覆盖
明细科目	本科目应按照无形资产项目设置子科目			
科目方向	借	科目属性		资产类科目
科目借方含义	登记以各种方式取得的无形资产的成本	科目贷方含义		登记因处置而转出的无形资产的成本
期末是否可以有余额	可以	期末余额意义	借方余额	反映企业期末无形资产的结存价值
			贷方余额	无
报表位置	资产负债表之非流动资产	报表列示方式		列示在无形资产项目中
科目解释	本科目核算企业持有的各项无形资产的成本			

无形资产的科目设置如表 6-2 所示。

表 6-2　无形资产的科目设置

一级科目		二级科目	
科目编号	科目名称	科目编号	科目名称
1701	无形资产	170101	专利权
		170102	商标权

6.1.3　账务处理

（1）企业购入无形资产

企业外购无形资产，应当按照实际支付的购买价款、相关税费和相关的其他支出（含相关的利息费用），借记"无形资产""应交税费"等科目，贷记"银行存款"等科目。

【例6-1】盛安公司2022年10月18日从某科技公司购入一套软件，取得的增值税专用发票，不含税金额200 000元，税额13 000元，以银行转账支付。

会计分录如下：

借：无形资产   200 000

  应交税费   13 000

  贷：银行存款   213 000

（2）投资者投入的无形资产

收到投资者投入的无形资产，应当按照评估价值和相关税费，借记"无形资产"科目，贷记"实收资本""资本公积"科目。

【例6-2】盛安公司2022年10月18日收到投资方投入的专有技术，经各方协商确认作价200 000元。已办理相关手续。

会计分录如下：

借：无形资产   200 000

  贷：实收资本   200 000

若双方确认的价值占盛安公司注册资本100万元的15%，则会计分录如下：

借：无形资产   200 000

  贷：实收资本   150 000

    资本公积   50 000

（3）自行研发并按法律程序申请取得的无形资产

开发项目达到预定用途形成无形资产的，按照应予资本化的支出，借记"无形资产"科目，贷记"研发支出"科目。

【例6-3】盛安公司2022年6月1日开始研究开发某项技术，研究开发过程中发生材料费300 000元、人工工资150 000万元，以及用银行存款直接支付注册费等其他费用50 000元，总计500 000元，其中，符合资本化条件的支出为300 000元。2022年8月，该专利技术已经达到预定用途，并取得专利证书。

会计分录如下：

① 发生研发支出

借：研发支出   500 000

  贷：原材料   300 000

    应付职工薪酬   150 000

银行存款	50 000

②达到预定用途

借：管理费用	200 000
无形资产	300 000
贷：研发支出	500 000

6.1.4　错弊分析

【例6-4】2022年3月，盛安公司某项专利权预计不能再为企业带来经济利益，公司决定对其进行转销。该专利权账面价值500 000元，摊销期限为10年，已摊销5年，已提减值准备20 000元。

会计分录如下：

借：累计摊销	250 000
无形资产减值准备	20 000
管理费用	230 000
贷：无形资产	500 000

《小企业会计准则》下，无形资产不用计提减值准备。预期不能为企业带来经济利益的，应当将该无形资产的账面价值予以转销。"营业外支出"核算非流动资产的损失。所以该案例要将前计提的无形资产减值进行冲销，会计分录如下：

借：营业外支出	20 000
贷：无形资产减值准备	20 000
借：累计摊销	250 000
营业外支出	250 000
贷：无形资产	500 000

6.2　无形资产后续计量和处置业务

6.2.1　概念梳理

（1）无形资产的后续计量

无形资产应当在其使用寿命内采用平均年限法进行摊销，计入相关资产的成本或管理费用，并冲减无形资产。

摊销期自其可供使用时开始至停止使用或出售时止。有关法律规定或合同约定了使用年限的，可以按照规定或约定的使用年限分期摊销。企业不能可靠地估计无形资产使用寿命的，摊销期不短于 10 年。

企业一般按月进行账务处理，因此，企业应当按月对无形资产进行摊销，自无形资产可供使用（即其达到预定用途）当月起开始摊销，处置当月不再摊销。

（2）无形资产的处置

无形资产的处置，主要是指无形资产出售、对外出租、对外捐赠，或者是无法为企业带来未来经济利益时，应予终止确认并转销。其中，无形资产的账面价值，是指无形资产的成本扣减累计摊销后的金额。

6.2.2 科目档案

累计摊销的科目档案如表 6-3 所示。

表 6-3 累计摊销的科目档案

科目全称	累计摊销	曾用名		无
科目编号	1702	是否有备抵科目		无
使用频率	高	适用行业		全覆盖
明细科目		本科目应按照无形资产项目设置子科目		
科目方向	贷	科目属性		资产类科目
科目借方含义	登记因无形资产处置而转销的摊销累计额	科目贷方含义		企业无形资产的摊销额
期末是否可以有余额	可以	期末余额意义	借方余额	无
			贷方余额	反映企业期末无形资产的累计摊销额
报表位置	资产负债表之非流动资产	报表列示方式		列示在无形资产项目中
科目解释	本科目核算企业对使用寿命有限的无形资产计提的累计摊销金额			

累计摊销的科目设置如表 6-4 所示。

表 6-4 累计摊销的科目设置

一级科目		二级科目	
科目编号	科目名称	科目编号	科目名称
1702	累计摊销	170201	专利权
		170202	商标权

6.2.3 账务处理

（1）无形资产的摊销

企业按月采用年限平均法计提无形资产的摊销，应当按照无形资产的受益对象分别进行账务处理：

① 自用无形资产的摊销价值计入"管理费用"科目借方；贷记"累计摊销"科目。

② 出租无形资产的摊销价值计入"其他业务成本"科目借方；贷记"累计摊销"科目。

③ 如果某项无形资产包含的经济利益是通过所生产的产品或其他资产实现的，无形资产的摊销金额也可以计入产品或其他资产成本，如"生产成本""制造费用"等科目；贷记"累计摊销"科目。

【例 6-5】盛安公司购入商标使用权，价值 200 000 元，使用期限 10 年。另一项用于产品生产的专利技术 500 000 元，使用年限 10 年。年末摊销的会计分录如下：

借：管理费用   20 000

     制造费用   50 000

    贷：累计摊销   70 000

（2）无形资产的处置

因出售、报废、对外投资等原因处置无形资产，应当按照取得的出售无形资产的价款等处置收入，借记"银行存款"等科目；按照其已计提的累计摊销，借记"累计摊销"科目，按照应支付的相关税费及其他费用，贷记"应交税费""银行存款"等科目；按照其成本，贷记"无形资产"科目；按照其差额，贷记"营业外收"科目或借记"营业外支出"科目。

【例 6-6】盛安公司拥有某项专利技术的成本为 100 000 元，已摊销金额为 50 000 元。将该项专利技术出售给乙公司，取得出售收入 60 000 元，应缴纳的相关税费 3 600 元。

会计分录如下：

借：银行存款   60 000

     累计摊销   50 000

    贷：无形资产   100 000

        应交税费   3 600

        营业外收入   6 400

6.2.4　错弊分析

【例6-7】2022年3月，盛安公司外购技术软件500 000元，预计摊销期限为10年。

会计分录如下：

借：制造费用　　　　　　　　　　　　　　　　　　　　500 000

　　贷：累计摊销　　　　　　　　　　　　　　　　　　　　500 000

分析：《财政部 国家税务总局关于进一步鼓励软件产业和集成电路产业发展企业所得税政策的通知》规定，企业外购的软件，凡符合固定资产或无形资产确认条件的，可以按照固定资产或无形资产进行核算，其折旧或摊销年限可以适当缩短，最短可为2年（含）。所以盛安公司将该项软件的摊销年限缩短，更为有利。

第 7 章

借款业务账务处理
与错弊分析

7.1 短期借款业务

7.1.1 概念梳理

短期借款是指企业向银行或其他金融机构等借入的期限在一年以下（含一年）的各种款项。

短期借款一般是企业为了满足正常生产经营或者是为了抵偿某项债务而借入的。短期借款的债权人不仅是银行，还包括其他非银行金融机构或其他单位和个人。

7.1.2 科目档案

短期借款的科目档案如表7-1所示。

表7-1 短期借款的科目档案

科目全称	短期借款	曾用名		无
科目编号	2001	是否有备抵科目		无
使用频率	高	适用行业		全覆盖
明细科目	本科目应按照借款种类、贷款人、币种自行设置子科目进行核算			
科目方向	贷	科目属性		负债类科目
科目借方含义	偿还短期借款的本金数额	科目贷方含义		取得短期借款的本金数额
期末是否可以有余额	可以	期末余额意义	借方余额	无
			贷方余额	反映尚未偿还的本金
报表位置	资产负债表之负债	报表列示方式		列示在短期借款项目中
科目解释	本科目核算企业短期借款的取得、偿还等情况			

短期借款的科目设置如表7-2所示。

表7-2 短期借款的科目设置

一级科目		二级科目	
科目编号	科目名称	科目编号	科目名称
2001	短期借款	自设	自设

7.1.3 账务处理

（1）借入短期资金的核算

企业借入各种短期借款时，借记"银行存款"科目，贷记"短期借款"科目。

（2）支付利息的核算

在资产负债表日，企业应当按照计算确定的短期借款利息费用，借记"财务费用"科目，贷记"应付利息"科目；实际支付利息时，借记"应付利息"科目，贷记"银行存款"或"库存现金"科目。

如果企业的短期借款利息按月支付，或者在借款到期时连同本金一起归还，数额不大的，可以在实际支付或收到银行的计息通知时，直接计入当期损益，借记"财务费用"科目，贷记"银行存款"科目。

（3）归还短期借款的核算

短期借款到期偿还本金时，借记"短期借款"科目，贷记"银行存款"科目。如果在借款到期时连同本金一起归还利息的，企业应将归还的利息通过"应付利息"或"财务费用"科目核算。

【例7-1】2022年1月1日，盛安公司向银行借入一笔生产经营用短期借款共计1 200 000元，期限为9个月，年利率为4%。根据与银行签署的借款协议，该项借款的本金到期后一次归还，利息按季支付。

会计分录如下：

①1月1日借入短期借款：

借：银行存款　　　　　　　　　　　　　　　　　　　　1 200 000

　　贷：短期借款　　　　　　　　　　　　　　　　　　　　1 200 000

②1月末，计提1月份应付利息：

借：财务费用　　　　　　　　　　　　　　　　　　　　4 000

　　贷：应付利息　　　　　　　　　　　　　　　　　　　　4 000

本月应计提的利息金额＝1 200 000×4%÷12＝4 000（元）

2月末计提2月份利息费用的处理与1月份相同。

③3月末，支付第一季度银行借款利息：

借：财务费用　　　　　　　　　　　　　　　　　　　　4 000

　　应付利息　　　　　　　　　　　　　　　　　　　　8 000

　　贷：银行存款　　　　　　　　　　　　　　　　　　　12 000

第二、三季度的会计处理同上。

④10月1日偿还银行借款本金：

借：短期借款　　　　　　　　　　　　　　　　　　　1 200 000

　　贷：银行存款　　　　　　　　　　　　　　　　　　　1 200 000

如果上述借款期限是 8 个月，则到期日为 9 月 1 日，8 月末之前的会计处理与上述相同。9 月 1 日偿还银行借款本金，同时支付 7 月和 8 月已提未付利息。

会计分录如下：

借：短期借款   1 200 000

  应付利息   8 000

  贷：银行存款   1 208 000

7.1.4　错弊分析

【例 7-2】盛安公司 2022 年 10 月 31 日从工商银行借入为期 2 个月款项 100 000 元，年利率 6%，会计分录如下：

借：银行存款   100 000

  贷：短期借款——本金   100 000

分析：企业借入期限在一年以下的款项，在"短期借款"科目中核算，该科目核算借款本金，不用专门列出"本金"明细科目，可以根据借款人的不同，列出明细科目。

会计分录如下：

借：银行存款   100 000

  贷：短期借款——工商银行   100 000

7.2　长期借款业务

7.2.1　概念梳理

长期借款是指企业向银行或其他金融机构借入的期限在一年以上（不含一年）的各种借款，一般用于固定资产的购建、改扩建工程、大修理工程、对外投资以及为了保持长期经营等。它是企业长期负债的重要组成部分，必须加强管理与核算。我国股份制企业的长期借款主要是向金融机构借入的各项长期性借款，如从商业银行取得的贷款。长期借款与短期借款相比较，除了期限比较长之外，其不同点还在于对借款费用的会计处理上，表现为对借款费用是资本化计入相关资产的成本，还是费用化计入当期的损益。

由于长期借款的使用关系到企业的生产经营规模和效益，企业除了要遵守有关的贷款规定，编制借款计划并要有不同形式的担保外，还应监督借款的使用、按期支付长期借款的利息以及按规定的期限归还借款本金等。因此，长期借款会计处理的基本要求是反映和监督企业长期借款的借入、借款利息的结算和借款本息的归还情况，促使企业遵守信贷纪律、提高信用等级，同时也要确保长期借款发挥效益。

7.2.2　科目档案

长期借款的科目档案如表 7-3 所示。

表 7-3　长期借款的科目档案

科目全称	长期借款	曾用名		无
科目编号	2501	是否有备抵科目		无
使用频率	高	适用行业		全覆盖
明细科目		本科目应按照贷款单位和种类设置子科目进行核算		
科目方向	贷	科目属性		负债类科目
科目借方含义	本息的减少额	科目贷方含义		登记长期借款本息的增加额
期末是否可以有余额	可以	期末余额意义	借方余额	无
			贷方余额	反映尚未偿还的长期借款
报表位置	资产负债表之负债	报表列示方式		列示在长期借款项目中
科目解释		本科目核算企业长期借款的取得、偿还等情况		

长期借款的科目设置如表 7-4 所示。

表 7-4　长期借款的科目设置

一级科目		二级科目	
科目编号	科目名称	科目编号	科目名称
2501	长期借款	250101	本金
		250102	利息调整

7.2.3　账务处理

（1）取得长期借款的核算

企业借入长期借款，应按实际收到的金额，借记"银行存款"科目，贷记"长期借款——本金"科目；如存在差额，借记"长期借款——利息调整"科目。

【例 7-3】盛安公司于 2022 年 11 月 30 日从银行借入资金 4 000 000 元，借款期限为 3 年，年利率为 8.4%（到期一次还本付息，不计复利）。所借款项已存入银行。

会计分录如下：

借：银行存款 4 000 000

　　贷：长期借款——本金 4 000 000

（2）长期借款利息的核算

长期借款计算确定的利息费用，应当按以下原则计入有关成本、费用：

① 属于筹建期间的，计入管理费用。

② 属于生产经营期间的，计入财务费用。

如果长期借款用于购建固定资产，在固定资产尚未达到预定可使用状态时，所发生的应当资本化的利息支出数，计入在建工程成本；固定资产达到预定可使用状态后发生的利息支出，以及按规定不予资本化的利息支出，计入财务费用。长期借款按合同利率计算确定的应付未付利息，记入"应付利息"科目，借记"在建工程""制造费用""财务费用""研发支出"等科目，贷记"应付利息"科目。

【例7-4】承上例，盛安公司于 2022 年 12 月 31 日计提长期借款利息。

借款利息的计算：

$4\ 000\ 000 \times 8.4\% \div 12 = 28\ 000$（元）

会计分录如下：

借：财务费用 28 000

　　贷：应付利息 28 000

2023 年 1 月至 2024 年 10 月每月末预提利息分录同上。

（3）归还长期借款的核算

企业归还长期借款的本金时，应按归还的金额，借记"长期借款——本金"科目，贷记"银行存款"科目；按归还的利息，借记"应付利息"科目，贷记"银行存款"科目。

【例7-5】承【例7-3】，2025 年 11 月 30 日，盛安公司偿还该笔银行借款本息。

会计分录如下：

借：财务费用 28 000

　　长期借款——本金 4 000 000

　　应付利息 980 000

　　贷：银行存款 5 008 000

7.2.4　错弊分析

【例7-6】盛安公司 2021 年 9 月 30 日从工商银行取得一笔 2 年期的借款 2 000

000 元用于生产线建设，合同约定年利率 6%，资金足额到位。假设市场利率与合同利率一致。生产线于 2021 年 10 月 31 日开工，预计到 2023 年 5 月 31 日完工。每月计提利息的会计分录如下：

借：财务费用   10 000

  贷：应付利息   10 000

分析：长期借款如果用于固定资产购建，在购建期间，借款利息应予资本化，计入在建工程成本。在生产线建设期间，每月提取利息的会计分录如下：

借：在建工程   10 000

  贷：应付利息   10 000

第 8 章

应付及预收款业务
账务处理与错弊分析

8.1 应付票据业务

8.1.1 概念梳理

应付票据是指企业购买材料、商品和接受劳务供应等而开出、承兑的商业汇票，包括商业承兑汇票和银行承兑汇票。

企业应当设置"应付票据备查簿"，详细登记商业汇票的种类、号数和出票日、到期日、票面余额、交易合同号和收款人姓名或单位名称以及付款日期和金额等资料。应付票据到期结清时，上述内容应当在备查簿内予以注销。

我国商业汇票的付款期限不超过 6 个月，因此，企业应将应付票据作为流动负债管理和核算。同时，由于应付票据的偿付时间较短，在实务中，一般均按照开出、承兑的应付票据的面值入账。

8.1.2 科目档案

应付票据的科目档案如表 8-1 所示。

表 8-1　应付票据的科目档案

科目全称	应付票据	曾用名		无
科目编号	2201	是否有备抵科目		无
使用频率	高	适用行业		全覆盖
明细科目	本科目应按照债权人设置子科目进行核算			
科目方向	贷	科目属性		负债类科目
科目借方含义	支付票据的金额	科目贷方含义		登记开出、承兑汇票的面值
期末是否可以有余额	可以	期末余额意义	借方余额	无
			贷方余额	反映尚未到期的商业汇票的票面金额
报表位置	资产负债表之负债	报表列示方式		列示在应付票据项目中
科目解释	本科目核算企业应付票据的开出、偿付等情况			

应付票据的科目设置如表 8-2 所示。

表 8-2　应付票据的科目设置

一级科目		二级科目		三级科目	
科目编号	科目名称	科目编号	科目名称	科目编号	科目名称
2201	应付票据	220101	× 公司	22010101	商业承兑汇票
				22010102	银行承兑汇票

8.1.3 账务处理

（1）票据正常开具、正常偿付的核算

企业因购买材料、商品和接受劳务供应等而开出、承兑的商业汇票，应当按其票面金额作为应付票据的入账金额，借记"材料采购""在途物资""原材料""库存商品""应付账款""应交税费"等科目，贷记"应付票据"科目。

企业因开出银行承兑汇票而支付的银行承兑汇票手续费，应当计入当期财务费用。支付手续费时，按照确认的手续费，借记"财务费用"科目，取得增值税专用发票的，按注明的增值税进项税额，借记"应交税费"科目，按照实际支付的金额，贷记"银行存款"科目。

企业开具的商业汇票到期支付票据款时，根据开户银行的付款通知，借记"应付票据"科目，贷记"银行存款"科目。

【例8-1】盛安公司为增值税一般纳税人，原材料按计划成本核算。2022年5月6日向A公司购入原材料一批，增值税专用发票上注明的价款为60 000元，增值税税额为7 800元，原材料验收入库。该企业开出并经开户银行承兑的商业汇票一张，面值为67 800元，期限5个月。交纳银行承兑手续费33.90元，其中增值税1.92元。10月6日商业汇票到期，盛安公司通知其开户银行以银行存款支付票款。

会计分录如下：

① 购入材料

借：材料采购	60 000
应交税费	7 800
贷：应付票据——A公司——银行承兑汇票	67 800

② 支付手续费

借：财务费用	31.98
应交税费	1.92
贷：银行存款	33.90

③ 支付商业汇票款

借：应付票据——A公司——银行承兑汇票	67 800
贷：银行存款	67800

（2）票据无法偿付的核算

银行承兑汇票到期，企业无力支付票款的，按照银行承兑汇票的票面金额，借记

"应付票据"科目，贷记"短期借款"科目，对计收的利息，按短期借款利息的办法处理。商业承兑汇票到期，企业无力支付票款的，按照商业汇票账面价值转入"应付账款"科目，待协商后再行处理。如果重新签发新的票据以清偿原应付票据的，再从"应付账款"科目转入"应付票据"科目。

【例8-2】承上例，假设上述银行承兑汇票到期时盛安公司无力支付票款。

会计分录如下：

借：应付票据——A公司——银行承兑汇票　　　　　　　　67 800
　　贷：短期借款　　　　　　　　　　　　　　　　　　　　　67 800

8.1.4　错弊分析

【例8-3】盛安公司开出的面值为80 000元的不带息商业承兑汇票到期，无力支付票款，会计分录如下：

借：应付票据　　　　　　　　　　　　　　　　　　　　　80 000
　　贷：短期借款　　　　　　　　　　　　　　　　　　　　80 000

分析：商业承兑汇票的承兑人一般是开出汇票的企业，不是银行，银行没有垫付款项的义务，也无法形成银行对企业的借款。

会计分录如下：

借：应付票据　　　　　　　　　　　　　　　　　　　　　80 000
　　贷：应付账款　　　　　　　　　　　　　　　　　　　　80 000

8.2　应付账款业务

8.2.1　概念梳理

应付账款是指企业因购买材料、商品或接受劳务供应等经营活动而应付给供应单位的款项，这是买卖双方由于取得物资或服务与支付货款在时间上不一致而产生的负债。

实务中，为了使所购入材料、商品的金额、品种、数量和质量等与合同规定的条款相符，避免因验收时发现所购材料、商品的数量或质量存在问题而对入账的材料、商品或应付账款金额进行改动，在材料、商品和发票账单同时到达的情况下，一般在所购材料、商品验收入库后，根据发票账单登记入账，确认应付账款。在所购材料、商品已经验收入库，但是发票账单未能同时到达的情况下，企业应付材料、商品供应单位的债务已经成立，在会计期末，为了反映企业的负债情况，需要将所购材料、商品和相关的应付账款暂估入账，待下月初用红字将上月末暂估入账的应付账款予以冲销。

8.2.2　科目档案

应付账款的科目档案如表 8-3 所示。

表 8-3　应付账款的科目档案

科目全称	应付账款	曾用名		无
科目编号	2202	是否有备抵科目		无
使用频率	高	适用行业		全覆盖
明细科目		本科目应按照债权人设置子科目进行核算		
科目方向	贷	科目属性		负债类科目
科目借方含义	应付未付款的减少	科目贷方含义		应付未付款的增加
期末是否可以有余额	可以	期末余额意义	借方余额	反映预付账款
			贷方余额	反映尚未支付的应付账款余额
报表位置	资产负债表之负债	报表列示方式		列示在应付账款项目中；如果有借方余额，列示在预付账款项目
科目解释		本科目核算企业应付账款的发生、偿还、转销等情况		

应付账款的科目设置如表 8-4 所示。

表 8-4　应付账款的科目设置

一级科目		二级科目	
科目编号	科目名称	科目编号	科目名称
2202	应付账款	220201	××公司

8.2.3　账务处理

（1）企业购入材料、商品或接受劳务等所产生的应付账款

企业购入材料、商品或接受劳务等所产生的应付账款，应按应付金额入账。购入材料、商品等验收入库，但货款尚未支付，根据有关凭证（发票账单、随货同行发票上记载的实际价款或暂估价值），借记"材料采购""在途物资""原材料""库存商品"

等科目，按照可抵扣的增值税进项税额，借记"应交税费"科目，按应付的款项，贷记"应付账款"科目。

（2）企业接受供应单位提供劳务而发生的应付未付款项

企业接受供应单位提供劳务而发生的应付未付款项，根据供应单位的发票账单所列金额，借记"生产成本""管理费用"等科目，按照增值税专用发票上注明的可抵扣的增值税进项税额，借记"应交税费"科目，贷记"应付账款"科目。

【例8-4】2022年5月20日，盛安公司收到银行转来的A电力公司供电部门开具的增值税专用发票，发票上注明的电费为38 400元、增值税税额为4 992元，企业以银行存款付讫。月末，该企业经计算，本月应付电费38 400元，其中生产车间电费25 600元，企业行政管理部门电费12 800元。

会计分录如下：

① 支付外购动力费：

借：应付账款——某电力公司	38 400
应交税费	4 992
贷：银行存款	43 392

② 月末分配外购动力费：

借：制造费用	25 600
管理费用	12 800
贷：应付账款——某电力公司	38 400

（3）企业偿还应付账款或开出商业汇票抵付应付账款

企业偿还应付账款或开出商业汇票抵付应付账款时，借记"应付账款"科目，贷记"银行存款""应付票据"等科目。

【例8-5】盛安公司为增值税一般纳税人。2022年6月1日，从A公司购入一批材料，增值税专用发票上注明的价款为100 000元，增值税税额为13 000元；同时，对方代垫运费1 000元、增值税税额90元，已收到对方开具的增值税专用发票。材料验收入库（该企业材料按实际成本进行日常核算），款项尚未支付。7月10日，以银行存款支付购入材料相关款项114 090元。

会计分录如下：

① 发生应付账款

借：原材料	101 000
应交税费	13 090

　　　　贷：应付账款——A 公司　　　　　　　　　　　　　　114 090

　　② 偿还应付账款

　　借：应付账款——A 公司　　　　　　　　　　　　　　114 090

　　　　贷：银行存款　　　　　　　　　　　　　　　　　114 090

（4）应付账款附有现金折扣

　　应付账款附有现金折扣条款的，企业应按照扣除现金折扣前的应付款总额入账。因在折扣期限内付款而获得的现金折扣，应在偿付应付账款时冲减财务费用。

　　【例 8-6】2022 年 7 月 4 日，盛安公司从 B 公司购入一批家电产品并验收入库。增值税专用发票上注明的该批家电的价款为 1 000 000 元，增值税税额为 130 000 元。购货协议规定，盛安公司如在 10 天内付清货款，将获得 1% 的现金折扣（假定计算现金折扣时需考虑增值税）。2022 年 7 月 10 日，盛安公司按照扣除现金折扣后的金额，用银行存款付清了所欠 B 公司货款。盛安公司采用实际成本核算库存商品。

　　现金折旧的计算：

　　获得的现金折扣＝1 130 000×1%＝11 300（元）

　　实际支付的货款＝1 130 000 −1 130 000×1%＝1 118 700（元）。

　　会计分录如下：

　　① 发生应付账款

　　借：库存商品　　　　　　　　　　　　　　　　　1 000 000

　　　　应交税费　　　　　　　　　　　　　　　　　　130 000

　　　　贷：应付账款——B 公司　　　　　　　　　　　1 130 000

　　② 偿还应付账款

　　借：应付账款——B 公司　　　　　　　　　　　　1 130 000

　　　　贷：银行存款　　　　　　　　　　　　　　　1 118 700

　　　　　财务费用　　　　　　　　　　　　　　　　　11 300

（5）转销应付账款的核算

　　企业对于确实无法支付的应付账款应予以转销，按其账面余额计入营业外收入，借记"应付账款"科目，贷记"营业外收入"科目。

　　【例 8-7】2022 年 12 月 31 日，盛安公司确认一笔应付甲公司货款 56 500 元为无法支付的款项，对此予以转销。

会计分录如下：

借：应付账款   56 500

    贷：营业外收入   56 500

8.2.4　错弊分析

【例 8-8】2022 年 12 月 30 日，盛安公司由于财务困难，一笔应付丁公司的货款 500 000 元（账面价值与公允价值等同）无法支付。经协商，转为公司股本 10 000 元。

会计分录如下：

借：应付账款——丁公司   500 000

    贷：实收资本   10 000

        营业外收入   490 000

分析：债转股股份公允价值与实收资本的差额确认为资本公积，账面价值与公允价值的差额计入当期损益。本例中，公允价值与账面价值等同，与实收资本差额应计入资本公积。

会计分录如下：

借：应付账款——丁公司   500 000

    贷：实收资本   10 000

        资本公积   490 000

8.3　预收账款业务

8.3.1　概念梳理

预收账款是指企业的买卖双方通过协议商定，由购货方预先支付一部分货款给供应方而发生的一项负债，预收账款虽然表现为企业货币资金的增加，但它并不是企业的收入，其实质是一项负债，要求企业在短期内以某种商品、劳务或服务来补偿。预收账款通常包括预收销售货款、预收租金、预收工程款等，预收账款核算企业按照合同规定预收的款项。

8.3.2　科目档案

预收账款的科目档案如表 8-5 所示。

表 8-5　预收账款的科目档案

科目全称	预收账款	曾用名	无
科目编号	2203	是否有备抵科目	无
使用频率	低	适用行业	全覆盖
明细科目	本科目应按照购货单位设置子科目进行核算		
科目方向	贷	科目属性	负债类科目
科目借方含义	向购货方发货后冲销的预收账款金额和退回购货方多付款项的金额	科目贷方含义	发生的预收账款金额和购货单位补付账款的金额
期末是否可以有余额	可以	期末余额意义 借方余额	反映企业尚未转销的款项
		贷方余额	反映企业预收的款项
报表位置	资产负债表之负债	报表列示方式	列示在预收账款项目中；如果有借方余额，列示在应收账款项目中
科目解释	本科目核算企业预收账款的取得、偿付等情况		

预收账款的科目设置如表 8-6 所示。

表 8-6　预收账款的科目设置

一级科目		二级科目	
科目编号	科目名称	科目编号	科目名称
2203	预收账款	220301	×× 公司

8.3.3　账务处理

① 企业向购货单位预收的款项、结算余款时，借记"银行存款"等科目，贷记"预收账款"科目。

② 企业销售收入实现时，按照实现的收入金额，借记"预收账款"科目，贷记"主营业务收入"等科目。涉及增值税销项税额的，还应进行相应的账务处理。

【例 8-9】盛安公司为增值税一般纳税人，适用的增值税税率为 13％。2022 年 7 月 1 日，该公司与乙公司签订经营租赁（非主营业务）吊车合同，向乙公司出租吊车三台，期限为 6 个月，三台吊车租金（含税）共计 67 800 元。合同约定，合同签订日预付租金（含税）22 600 元，合同到期结清全部租金余款。合同签订日，收到租金并存入银行，开具的增值税专用发票注明租金 20 000 元，增值税 2 600 元。租赁期满日，收到租金余款及相应的增值税。

会计分录如下：

① 收到预付款

借：银行存款　　　　　　　　　　　　　　　　　　　　22 600

　　　　　　贷：预收账款——乙公司　　　　　　　　　　　　20 000

　　　　　　　　应交税费　　　　　　　　　　　　　　　　　2 600

　　　② 合同到期结算预付款等

　　　借：银行存款　　　　　　　　　　　　　　　　　　　　45 200

　　　　　　贷：预收账款——乙公司　　　　　　　　　　　　40 000

　　　　　　　　应交税费　　　　　　　　　　　　　　　　　5 200

8.3.4　错弊分析

　　【例 8-10】盛安公司 10 月 5 日收到丙公司的预付款 10 000 元，10 月 31 日发货，不含税 20 000 元，税率 13%，会计分录如下：

　　　借：预收账款——丙公司　　　　　　　　　　　　　　　10 000

　　　　　应收账款——丙公司　　　　　　　　　　　　　　　12 600

　　　　　　贷：主营业务收入　　　　　　　　　　　　　　　20 000

　　　　　　　　应交税费　　　　　　　　　　　　　　　　　2 600

　　分析：已经援引"预收账款"科目的企业，在相关业务中，要贯彻可比性原则，不要随意更换会计科目。

　　会计分录如下：

　　　借：预收账款——丙公司　　　　　　　　　　　　　　　22 600

　　　　　　贷：主营业务收入　　　　　　　　　　　　　　　20 000

　　　　　　　　应交税费　　　　　　　　　　　　　　　　　2 600

8.4　其他应付款业务

8.4.1　概念梳理

　　其他应付款，是指企业除应付票据、应付账款、预收账款、应付职工薪酬、应付利息、应付利润、应交税费、长期应付款等以外的其他各项应付、暂收款项，如应付租入固定资产和包装物的租金、职工未按期领取的工资、存入保证金以及其他应付、暂收款项等。

8.4.2　科目档案

　　其他应付款的科目档案如表 8-7 所示。

表8-7　其他应付款的科目档案

科目全称	其他应付款	曾用名	无
科目编号	2241	是否有备抵科目	无
使用频率	高	适用行业	全覆盖
明细科目	本科目应按照项目和对方单位或个人设置子科目进行核算		
科目方向	贷	科目属性	负债类科目
科目借方含义	偿还或转销的各种应付、暂收款项	科目贷方含义	登记发生的各种应付、暂收款项
期末是否可以有余额	可以	期末余额意义	借方余额	无
			贷方余额	反映应付未付的其他应付款项
报表位置	资产负债表之负债	报表列示方式	列示在其他应付款项目中
科目解释	本科目核算企业其他应付款的增减变动及其结存情况		

其他应付款的科目设置如表8-8所示。

表8-8　其他应付款的科目设置

一级科目		二级科目	
科目编号	科目名称	科目编号	科目名称
2241	其他应付款	自设	自设

8.4.3　账务处理

① 企业发生的其他各种应付、暂收款项，借记"管理费用""银行存款"等科目，贷记"其他应付款"科目。

② 支付或退回其他各种应付、暂收款项，借记"其他应付款"科目，贷记"银行存款"等科目。

③ 企业无法支付的其他应付款，借记"其他应付款"科目，贷记"营业外收入"科目。

【例8-11】盛安公司从2022年7月1日起，以短期租赁方式租入管理用办公设备一批，每月租金8 000元，按季支付。9月30日，以银行存款支付应付租金24 000元，增值税进项税额为2 160元。

会计分录如下：

① 7月31日计提应付短期租入固定资产租金：

借：管理费用　　　　　　　　　　　　　　　　　　　　　　　8 000

　　贷：其他应付款——租金　　　　　　　　　　　　　　　　　　8 000

② 8月31日计提应付短期租入固定资产租金的会计处理同上。

③9 月 30 日支付租金和税金：

借：其他应付款——租金 16 000
    管理费用 8 000
    应交税费 2 160
    贷：银行存款 26 160

【例 8-12】盛安公司实行退休金统筹，2022 年 9 月 30 日按规定标准计提统筹退休金 3 000 元。

会计分录如下：

借：管理费用 3 000
    贷：其他应付款——应付统筹退休金 3 000

【例 8-13】2022 年 1 月 4 日，盛安公司出租给某企业机器设备一台，收到租用押金 6 000 元，会计分录如下：

借：银行存款 6 000
    贷：其他应付款——押金 6 000

如该租赁业务到期，某企业租赁期结束退还该机器设备，盛安公司退还押金，会计分录如下：

借：其他应付款——押金 6 000
    贷：银行存款 6 000

8.4.4　错弊分析

【例 8-14】2022 年 5 月 31 日，经批准，盛安公司把一笔金额为 9 000 元无法支付的其他应付款转销，会计分录如下：

借：其他应付款 9 000
    贷：其他业务收入 9 000

分析：无法支付应付款项，属于非日常行为，应转入"营业外收入"。

会计分录如下：

借：其他应付款 9 000
    贷：营业外收入 9 000

第 9 章

职工薪酬业务账务处理与错弊分析

9.1 职工薪酬业务

9.1.1 概念梳理

应付职工薪酬，是指企业为获得职工提供的服务而应付给职工的各种形式的报酬以及其他相关支出。这里所称"职工"比较宽泛，主要包括三类人员：一是与企业订立劳动合同的所有人员，含全职、兼职和临时职工；二是未与企业订立劳动合同，但由企业正式任命的企业治理层和管理层人员，如董事会成员、监事会成员等，尽管有些董事会、监事会成员不是本企业员工，未与企业订立劳动合同，但对其发放的津贴、补贴等仍属于职工薪酬；三是在企业的计划和控制下，虽未与企业订立劳动合同或未由其正式任命，但为其提供与职工类似服务的人员，如通过中介机构签订用工合同，为企业提供与本企业职工类似服务的人员。

9.1.2 科目档案

应付职工薪酬的科目档案如表 9-1 所示。

表 9-1　应付职工薪酬的科目档案

科目全称	应付职工薪酬	曾用名		应付工资
科目编号	2211	是否有备抵科目		无
使用频率	高	适用行业		全覆盖
明细科目	本科目应按照职工薪酬项目设置子科目进行核算			
科目方向	贷	科目属性		负债类科目
科目借方含义	登记实际发放的职工薪酬，包括扣还的款项等	科目贷方含义		登记已经分配计入有关成本费用项目的职工薪酬
期末是否可以有余额	可以	期末余额意义	借方余额	无
			贷方余额	反映应付未付的职工薪酬
报表位置	资产负债表之负债	报表列示方式		列示在应付职工薪酬项目中
科目解释	本科目核算企业应付职工薪酬的计提、结算、使用等情况			

应付职工薪酬的科目设置如表 9-2 所示。

表 9-2　应付职工薪酬的科目设置

一级科目		二级科目	
科目编号	科目名称	科目编号	科目名称
2211	应付职工薪酬	221101	工资
		221102	职工福利费

一级科目		二级科目	
科目编号	科目名称	科目编号	科目名称
2211	应付职工薪酬	221103	社会保险费
		221104	住房公积金
		221105	工会经费
		221106	职工教育经费
		221107	非货币性福利
		221108	带薪缺勤
		221109	利润分享计划
		221110	设定提存计划
		221111	设定受益计划
		221112	辞退福利
		……	……

9.1.3 账务处理

9.1.3.1 货币性职工薪酬的核算

（1）职工工资、奖金、津贴和补贴

对于职工工资、奖金、津贴和补贴等货币性职工薪酬，企业应当在职工为其提供服务的会计期间，将实际发生的职工工资、奖金、津贴和补贴等，根据职工提供服务的受益对象，将应确认的职工薪酬，借记"生产成本""制造费用""合同履约成本""管理费用""销售费用"等科目，贷记"应付职工薪酬——工资"等科目。

【例9-1】盛安公司2022年7月份应付职工工资总额为693 000元，"工资费用分配汇总表"中列示的产品生产人员工资为480 000元，车间管理人员工资为105 000元，企业行政管理人员工资为90 600元，专设销售机构人员工资为17 400元。会计分录如下：

借：生产成本　　　　　　　　　　　　　　　480 000
　　制造费用　　　　　　　　　　　　　　　105 000
　　管理费用　　　　　　　　　　　　　　　90 600
　　销售费用　　　　　　　　　　　　　　　17 400
　　贷：应付职工薪酬——工资　　　　　　　　　　693 000

企业按照有关规定向职工支付工资、奖金、津贴、补贴等，借记"应付职工薪

酬——工资、奖金、津贴和补贴"科目，企业从应付职工薪酬中扣还的各种款项（代垫的家属药费、个人所得税等），贷记"其他应收款""应交税费"等科目，实际支付的工资，贷记"银行存款""库存现金"。

【例9-2】承上例，2022年8月15日，盛安公司发放员工工资总额693 000元，其中企业代垫职工房租32 000元、代垫职工家属医药费8 000元，实发工资653 000元，银行转账付讫。

会计分录如下：

借：应付职工薪酬——工资　　　　　　　　　　　　　693 000
　　贷：其他应收款　　　　　　　　　　　　　　　　　40 000
　　　　银行存款　　　　　　　　　　　　　　　　　653 000

（2）职工福利费

对于职工福利费，企业应当在实际发生时根据实际发生额计入当期损益或相关资产成本，借记"生产成本""制造费用""管理费用""销售费用"等科目，贷记"应付职工薪酬——职工福利费"科目。

【例9-3】2022年9月，盛安公司在岗职工共计200人，其中管理部门30人，生产车间生产人员170人，每个职工每月需补贴食堂150元。

职工福利费的计算：

职工福利费 = 150 × 200 = 30 000（元）

会计分录如下：

借：生产成本　　　　　　　　　　　　　　　　　　25 500
　　管理费用　　　　　　　　　　　　　　　　　　 4 500
　　贷：应付职工薪酬——职工福利费　　　　　　　　30 000

【例9-4】承上例，2022年10月，盛安公司支付30 000元补贴给食堂。

会计分录如下：

借：应付职工薪酬——职工福利费　　　　　　　　　30 000
　　贷：银行存款　　　　　　　　　　　　　　　　　30 000

（3）国家规定计提标准的职工薪酬

① 工会经费和职工教育经费　期末，根据规定的计提基础和比例计算确定应付工会经费、职工教育经费，借记"生产成本""制造费用""管理费用""销售费用""在建工程""研发支出"等科目，贷记"应付职工薪酬——工会经费、职工教育经费"科目；实际上缴或发生实际开支时，借记"应付职工薪酬——工会经费、职工教育经

费"，贷记"银行存款"等科目。

【例9-5】承【例9-1】，2022年7月31日，盛安公司根据相关规定，分别按照职工工资总额的2%和8%的计提标准，确认应付工会经费和职工教育经费。

工会经费和职工教育经费的计算：

应确认的应付职工薪酬 =（480 000+105 000+90 600+17 400）×（2% +8%）= 69 300（元），其中，工会经费为13 860元、职工教育经费为55 440元。

应记入"生产成本"科目的金额 = 480 000 ×（2% +8%）= 48 000（元）；

应记入"制造费用"科目的金额 = 105 000 ×（2% +8%）= 10 500（元）；

应记入"管理费用"科目的金额 = 90 600 ×（2% +8%）= 9 060（元）；

应记入"销售费用"科目的金额 = 17 400 ×（2% +8%）= 1 740（元）。

会计分录如下：

借：生产成本   48 000

　　制造费用   10 500

　　管理费用   9 060

　　销售费用   1 740

　　贷：应付职工薪酬——工会经费   13 860

　　　　　　　　——职工教育经费   55 440

② 社会保险费和住房公积金　期末，根据规定的计提基础和比例确认社会保险费和住房公积金，借记"生产成本""制造费用""管理费用""销售费用""在建工程""研发支出"等科目，贷记"应付职工薪酬——社会保险费、住房公积金"科目；对于职工个人承担的社会保险费和住房公积金，由职工所在企业每月从其工资中代扣代缴，借记"应付职工薪酬——社会保险费、住房公积金"科目，贷记"其他应付款"科目。

【例9-6】承【例9-1】，2022年7月，该企业根据国家规定的计提标准，计算应由企业负担的向社会保险经办机构缴纳社会保险费（不含基本养老保险和失业保险费）共计83 160元。按照规定标准计提住房公积金为76 230元。

社会保险费和住房公积金的计算：

应确认的应付职工薪酬 = 83 160+76 230 = 159 390（元）

应记入"生产成本"科目的金额 = 159 390 ×（480 000 ÷ 693 000）= 110 400（元）

应记入"制造费用"科目的金额 = 159 390 ×（105 000 ÷ 693 000）= 24 150（元）

应记入"管理费用"科目的金额 = 159 390 ×（90 600 ÷ 693 000）= 20 838（元）

应记入"销售费用"科目的金额＝159 390－110 400－24 150－20 838＝4002（元）。

会计分录如下：

借：生产成本——基本生产成本 110 400

  制造费用 24 150

  管理费用 20 838

  销售费用 4 002

  贷：应付职工薪酬——社会保险费 83 160

        ——住房公积金 76 230

【例9-7】2022年8月，盛安公司从应付职工薪酬中代扣个人应缴纳的社会保险费（不含基本养老保险和失业保险）20 790元、住房公积金76 230元，共计97 020元。

会计分录如下：

借：应付职工薪酬——社会保险费 20 790

      ——住房公积金 76 230

  贷：其他应付款——社会保险费 20 790

      ——住房公积金 76 230

（4）短期带薪缺勤

① 累积带薪缺勤 确认累积带薪缺勤时，借记"管理费用"等科目，贷记"应付职工薪酬——带薪缺勤——短期带薪缺勤——累积带薪缺勤"科目。

【例9-8】盛安公司从2022年1月1日起实行累积带薪缺勤制度。至2022年12月31日该企业有2 000名职工未享受当年的带薪年休假，预计2023年其中有1 900名职工将享受不超过5天的带薪年休假，剩余100名职工每人将平均享受6.5天年休假，假定这100名职工全部为总部各部门经理，该企业平均每名职工每个工作日工资为300元。不考虑其他相关因素。

累计带薪缺勤金额的计算：

2022年12月31日应当预计由于职工累积未使用的带薪年休假权利而导致的预期支付的金额＝100×（6.5-5）×300＝45 000（元）

2022年12月31日的会计分录如下：

借：管理费用 45 000

  贷：应付职工薪酬——带薪缺勤——短期带薪缺勤——累积带薪缺勤 45 000

② 非累积带薪缺勤 企业确认职工享有的与非累积带薪缺勤权利相关的薪酬，视同职工出勤确认的当期损益或相关资产成本。通常情况下，与非累积带薪缺勤相关

的职工薪酬已经包括在企业每期向职工发放的工资等薪酬中，因此，不必额外作相应的账务处理。

9.1.3.2　非货币性职工薪酬的核算

（1）企业以其自产产品作为非货币性福利发放给职工的，应当根据受益对象，按照该产品的含税公允价值计入相关资产成本或当期损益，同时确认应付职工薪酬，借记"生产成本""制造费用""管理费用"等科目，贷记"应付职工薪酬——非货币性福利"科目。

（2）将企业拥有的房屋等资产无偿提供给职工使用的，应当根据受益对象，将该住房每期应计提的折旧计入相关资产成本或当期损益，同时确认应付职工薪酬，借记"生产成本""制造费用""管理费用"等科目，贷记"应付职工薪酬——非货币性福利"科目，并且同时借记"应付职工薪酬——非货币性福利"科目，贷记"累计折旧"科目。

（3）租赁住房等资产供职工无偿使用的，应当根据受益对象，将每期应付的租金计入相关资产成本或当期损益，并确认应付职工薪酬，借记"生产成本""制造费用""管理费用"等科目，贷记"应付职工薪酬——非货币性福利"科目。

（4）难以认定受益对象的非货币性福利，直接计入当期损益和应付职工薪酬。

【例 9-9】盛安公司为家电生产企业，共有职工 200 名，其中 170 名为直接参加生产的职工，30 名为总部管理人员。2022 年 12 月，该公司以其生产的每台成本为 900 元的电暖器作为新年福利发放给公司每名职工。该型号的电暖器不含增值税的市场售价为每台 1 000 元，适用的增值税税率为 13%。

应付职工薪酬的计算：

应确认的应付职工薪酬 $= 200 \times 1\,000 + 200 \times 1\,000 \times 13\% = 226\,000$（元）

应记入"生产成本"科目的金额 $= 170 \times 1\,000 + 170 \times 1\,000 \times 13\% = 192\,100$（元）

应记入"管理费用"科目的金额 $= 30 \times 1\,000 + 30 \times 1\,000 \times 13\% = 33\,900$（元）

会计分录如下：

借：生产成本	192 100
管理费用	33 900
贷：应付职工薪酬——非货币性福利	226 000

【例 9-10】盛安公司为总部各部门经理级别以上职工提供汽车免费使用，同时为副总裁以上高级管理人员每人租赁一套住房。该公司总部共有部门经理以上职务职工

20名，每人提供一辆桑塔纳汽车免费使用，假定每辆桑塔纳汽车每月计提折旧1 000元；共有副总裁以上高级管理人员5名，公司为其每人租赁一套面积为200平方米的公寓，月租金为每套8 000元（含税）。

非货币性福利的计算：

公司提供汽车供职工使用的非货币性福利＝20×1 000＝20 000（元）

公司租赁住房供职工使用的非货币性福利＝5×8 000＝40 000（元）

会计分录如下：

① 确认提供汽车的非货币性福利

借：管理费用	20 000	
贷：应付职工薪酬——非货币性福利		20 000
借：应付职工薪酬——非货币性福利	20 000	
贷：累计折旧		20 000

② 确认为职工租赁住房的非货币性福利

| 借：管理费用 | 40 000 | |
| 贷：应付职工薪酬——非货币性福利 | | 40 000 |

③ 每月支付副总裁以上高级管理人员住房租金

| 借：应付职工薪酬——非货币性福利 | 40 000 | |
| 贷：银行存款 | | 40 000 |

（5）企业以自产产品作为职工薪酬发放给职工时，应确认主营业务收入，借记"应付职工薪酬——非货币性福利"科目，贷记"主营业务收入"科目，同时结转相关成本，涉及增值税销项税额的，还应进行相应的处理，借记"应付职工薪酬——非货币性福利"科目，贷记"应交税费"科目。企业支付租赁住房等资产供职工无偿使用所发生的租金，借记"应付职工薪酬——非货币性福利"科目，贷记"银行存款"等科目。

【例9-11】2022年8月7日，盛安公司向职工发放电暖器作为福利，应确认主营业务收入200 000元，增值税税额26 000元，成本180 000元。

会计分录如下：

借：应付职工薪酬——非货币性福利	226 000	
贷：主营业务收入		200 000
应交税费		26 000
借：主营业务成本	180 000	

　　　　　贷：库存商品　　　　　　　　　　　　　　　　　　　　180 000

9.1.3.3　设定提存计划的核算

　　对于设定提存计划，企业应当在职工为其提供服务的会计期间，将根据设定提存计划计算的应缴存金额确定为负债，并计入当期损益或相关资产成本，借记"生产成本""制造费用""管理费用""销售费用"等科目，贷记"应付职工薪酬——设定提存计划"科目。

　　【例9-12】2022年7月31日，盛安公司缴存的基本养老保险费，应计入生产成本的金额为76 800元，应计入制造费用的金额为16 800元，应计入管理费用的金额为14 496元，应计入销售费用的金额为2 784元。

　　会计分录如下：

　　借：生产成本　　　　　　　　　　　　　　　　　　　　76 800
　　　　制造费用　　　　　　　　　　　　　　　　　　　　16 800
　　　　管理费用　　　　　　　　　　　　　　　　　　　　14 496
　　　　销售费用　　　　　　　　　　　　　　　　　　　　 2 784
　　　　贷：应付职工薪酬——设定提存计划——基本养老保险费　　110 880

9.1.4　错弊分析

　　【例9-13】2022年12月30日，盛安公司将11月5日外购的100 000元商品，用于职工福利，发放当日，该批商品市场价90 000元。

　　会计分录如下：

　　借：应付职工薪酬——非货币性福利　　　　　　　　　101 700
　　　　贷：主营业务收入　　　　　　　　　　　　　　　　90 000
　　　　　　应交税费　　　　　　　　　　　　　　　　　　11 700
　　借：主营业务成本　　　　　　　　　　　　　　　　　100 000
　　　　贷：库存商品　　　　　　　　　　　　　　　　　　100 000

　　分析：外购商品用于职工福利，属于进项税不可抵扣项目，不属于视同销售项目。

　　会计分录如下：

　　借：应付职工薪酬——非货币性福利　　　　　　　　　113 000
　　　　贷：库存商品　　　　　　　　　　　　　　　　　　100 000
　　　　　　应交税费　　　　　　　　　　　　　　　　　　13 000

9.2 个人所得税业务

9.2.1 概念梳理

税法规定应交纳个人所得税。企业职工按规定应交纳的个人所得税通常由单位代扣代缴。

9.2.2 科目档案

应交税费的科目档案如表9-3所示。

表9-3 应交税费的科目档案

科目全称	应交税费	曾用名		应交税金
科目编号	2221	是否有备抵科目		无
使用频率	高	适用行业		全覆盖
明细科目		应交个人所得税		
科目方向	贷	科目属性		负债类科目
科目借方含义	登记代缴的个人所得税	科目贷方含义		登记代扣的个人所得税
期末是否可以有余额	可以	期末余额意义	借方余额	反映多交的个人所得税
			贷方余额	反映尚未交纳的个人所得税
报表位置	资产负债表之负债	报表列示方式		列示在应交税费项目中（借方余额用负数列示）
科目解释	本科目核算企业代扣代缴个人所得税的应交、交纳等情况			

应交税费的科目设置如表9-4所示。

表9-4 应交税费的科目设置

一级科目		二级科目	
科目编号	科目名称	科目编号	科目名称
2221	应交税费	222122	应交个人所得税

9.2.3 账务处理

（1）个人所得税的代扣

企业按规定计算的代扣的职工个人所得税，借记"应付职工薪酬"科目，贷记"应交税费——应交个人所得税"科目。

【例9-14】盛安公司结算本月应付职工工资总额300 000元，按税法规定应代扣代缴的职工个人所得税共计3 000元，银行代发工资297 000元。

会计分录如下：

代扣个人所得税：

借：应付职工薪酬　　　　　　　　　　　　　　　　　　　300 000

　　贷：应交税费——应交个人所得税　　　　　　　　　　　　3 000

　　　　银行存款　　　　　　　　　　　　　　　　　　　297 000

（2）个人所得税的代缴

企业缴纳个人所得税时，借记"应交税费——应交个人所得税"科目，贷记"银行存款"等科目。

【例9-15】承上例，缴纳个人所得税的会计分录如下：

借：应交税费——应交个人所得税　　　　　　　　　　　　3 000

　　贷：银行存款　　　　　　　　　　　　　　　　　　　3 000

第 **10** 章

税费业务账务处理与错弊分析

10.1 应交税费业务

10.1.1 概念梳理

企业在一定时期内取得的营业收入和实现的利润或发生特定经营行为，要按照规定向国家交纳各种税金，这些应交的税金，应按照权责发生制的原则确认。这些应交的税金在交纳之前，形成企业的一项负债。

10.1.2 科目档案

应交税费的科目档案如表 10-1 所示。

表 10-1 应交税费的科目档案

科目全称	应交税费	曾用名		应交税金
科目编号	2221	是否有备抵科目		无
使用频率	高	适用行业		全覆盖
明细科目	本科目应按照应交税费项目设置明细科目进行核算			
科目方向	贷	科目属性		负债类科目
科目借方含义	登记实际交纳的税费	科目贷方含义		登记应纳的各种税费
期末是否可以有余额	可以	期末余额意义	借方余额	反映多交或尚未抵扣的税费
			贷方余额	反映尚未交纳的税费
报表位置	资产负债表之负债	报表列示方式		列示在应交税费项目中（借方余额用负数列示）
科目解释	本科目核算企业各种税费的应交、交纳等情况			

应交税费的科目设置如表 10-2 所示。

表 10-2 应交税费的科目设置

一级科目		二级科目	
科目编号	科目名称	科目编号	科目名称
2221	应交税费	222101	应交增值税
		22210101	进项税额
		22210102	销项税额抵减
		22210103	已交税金
		22210104	减免税款
		22210105	出口抵减内销产品应纳税款
		22210106	转出未交增值税
		22210107	销项税额

一级科目		二级科目	
科目编号	科目名称	科目编号	科目名称
2221	应交税费	22210108	出口退税
		22210109	进项税额转出
		22210110	转出多交增值税
		222102	未交增值税
		222103	预交增值税
		222104	待抵扣进项税额
		222105	待认证进项税额
		222106	待转销项税额
		222107	增值税留抵税额
		222108	简易计税
		222109	转让金融商品应交增值税
		222110	代扣代交增值税
		222111	应交消费税
		222112	应交资源税
		222113	应交所得税
		222114	应交土地增值税
		222115	应交城市维护建设税
		222116	应交城镇房产税
		222117	应交城镇土地使用税
		222118	应交环境保护税
		222119	应交车船税
		222120	应交房产税
		222121	应交教育费附加
		222122	应交个人所得税
		222123	应交矿产资源补偿费

10.1.3 账务处理

10.1.3.1 增值税的核算

10.1.3.1.1 一般纳税人增值税的核算

（1）取得资产、接受劳务或服务的核算

1）一般纳税人购进货物、加工修理修配劳务、服务、无形资产或者不动产，按应计入相关成本费用或资产的金额，借记"材料采购""在途物资""原材料""库存商品""生产成本""无形资产""固定资产""管理费用"等科目，按当月已认证的可

抵扣增值税税额，借记"应交税费——应交增值税（进项税额）"科目，按当月未认证的可抵扣增值税税额，借记"应交税费——待认证进项税额"科目，按应付或实际支付的金额，贷记"应付账款""应付票据""银行存款"等科目。购进货物等发生的退货，应根据税务机关开具的红字增值税专用发票编制相反的会计分录，如原增值税专用发票未做认证，应将发票退回并作相反的会计分录。

企业购进农产品，除取得增值税专用发票或者海关进口增值税专用缴款书外，按照农产品收购发票或者销售发票上注明的农产品买价和9％的扣除率计算的进项税额；购进用于生产销售或委托加工13％税率货物的农产品，按照农产品收购发票或者销售发票上注明的农产品买价和10％的扣除率计算的进项税额，借记"应交税费——应交增值税（进项税额）"科目。按农产品买价扣除进项税额后的差额，借记"材料采购""在途物资""原材料""库存商品"等科目，按照应付或实际支付的价款，贷记"应付账款""应付票据""银行存款"等科目。

【例10-1】盛安公司为增值税一般纳税人，销售商品适用的增值税税率为13％，原材料按实际成本核算，销售商品价格为不含增值税的公允价格。

2022年6月份发生的交易或事项以及相关的会计分录如下：

① 5日，购入原材料一批，增值税专用发票上注明的价款为120 000元，增值税税额为15 600元，材料尚未到达，全部款项已用银行存款支付。

借：在途物资	120 000
应交税费——应交增值税（进项税额）	15 600
贷：银行存款	135 600

② 10日，收到5日购入的原材料并验收入库，实际成本总额为120 000元。同日，与运输公司结清运输费用，增值税专用发票上注明的运输费用为5 000元，增值税税额为450元，运输费用和增值税税额已用转账支票付讫。

借：原材料	125 000
应交税费——应交增值税（进项税额）	450
贷：银行存款	5 450
在途物资	120 000

③ 15日，购入不需要安装的生产设备一台，增值税专用发票上注明的价款为30 000元，增值税税额为3 900元，款项尚未支付。

| 借：固定资产 | 30 000 |
| 应交税费——应交增值税（进项税额） | 3 900 |

  贷：应付账款   33 900

  ④ 20 日，购入农产品一批，农产品收购发票上注明的买价为 200 000 元，规定的扣除率为 9%，货物尚未到达，价款已用银行存款支付。

  进项税额的计算：

  进项税额＝购买价款 × 扣除率＝ 200 000 × 9%＝ 18 000（元）

  借：在途物资   182 000

    应交税费——应交增值税（进项税额）   18 000

    贷：银行存款   200 000

  ⑤ 25 日，企业管理部门委托外单位修理机器设备，取得对方开具的增值税专用发票上注明的修理费用为 20 000 元，增值税税额为 2 600 元，款项已用银行存款支付。

  借：管理费用   20 000

    应交税费——应交增值税（进项税额）   2 600

    贷：银行存款   22 600

  ⑥ 25 日，该公司购进一幢简易办公楼作为固定资产核算，并投入使用。已取得增值税专用发票并经税务机关认证，增值税专用发票上注明的价款为 1 500 000 元，增值税税额为 135 000 元，全部款项以银行存款支付。不考虑其他相关因素。

  借：固定资产   1 500 000

    应交税费——应交增值税（进项税额）   135 000

    贷：银行存款   1 635 000

  2）货物等已验收入库但尚未取得增值税扣税凭证的核算。企业购进的货物等已到达并验收入库，但尚未收到增值税扣税凭证并未付款的，应在月末按货物清单或相关合同协议上的价格暂估入账，不需要将增值税的进项税额暂估入账。下月初，用红字冲销原暂估入账金额，待取得相关增值税扣税凭证并经认证后，按应计入相关成本费用或资产的金额，借记"原材料""库存商品""固定资产""无形资产"等科目，按可抵扣的增值税税额，借记"应交税费——应交增值税（进项税额）"科目，按应付或实际支付的金额，贷记"应付账款""应付票据""银行存款"等科目。

  【例 10-2】2022 年 6 月 30 日，盛安公司购进一批原材料已验收入库，但尚未收到增值税扣税凭证，款项也未支付。随货同行的材料清单列明的原材料销售价格为 260 000 元。

  会计分录如下：

  借：原材料   260 000

　　　　　贷：应付账款　　　　　　　　　　　　　　　　　　260 000

【例10-3】承上例，7月10日，取得相关增值税专用发票上注明的价款为260 000元，增值税税额为33 800元，增值税专用发票已经认证。全部款项以银行存款支付。

会计分录如下：

①用红字冲销原暂估入账金额

借：原材料　　　　　　　　　　　　　　　　　　　260 000

　　贷：应付账款　　　　　　　　　　　　　　　　　260 000

②发票签收

借：原材料　　　　　　　　　　　　　　　　　　　260 000

　　应交税费——应交增值税（进项税额）　　　　　　33 800

　　贷：银行存款　　　　　　　　　　　　　　　　　293 800

　　3）进项税额转出的核算。根据需作进项税额转出的金额，借记"待处理财产损溢""应付职工薪酬""固定资产""无形资产"等科目，贷记"应交税费——应交增值税（进项税额转出）""应交税费——待抵扣进项税额"或"应交税费——待认证进项税额"科目。属于转作待处理财产损失的进项税额，应与非正常损失的购进货物、在产品或库存商品、固定资产或无形资产的成本一并处理。

【例10-4】2022年6月份，盛安公司发生进项税额转出事项以及相关的会计分录如下：

　　① 10日，库存材料因管理不善发生火灾损失，材料实际成本为20 000元，相关增值税专用发票上注明的增值税税额为2 600元。

借：待处理财产损溢　　　　　　　　　　　　　　　22 600

　　贷：原材料　　　　　　　　　　　　　　　　　　20 000

　　　　应交税费——应交增值税（进项税额转出）　　　2 600

　　② 18日，领用一批外购原材料用于集体福利，该批原材料的实际成本为60 000元，相关增值税专用发票上注明的增值税税额为7 800元。

借：应付职工薪酬　　　　　　　　　　　　　　　　67 800

　　贷：原材料　　　　　　　　　　　　　　　　　　60 000

　　　　应交税费——应交增值税（进项税额转出）　　　7 800

　　4）未认证发票的核算。一般纳税人购进货物、加工修理修配劳务、服务、无形资产或不动产，用于简易计税方法计税项目、免征增值税项目、集体福利或个人消费等，即使取得的增值税专用发票上已注明增值税进项税额，该税额按照现行增值税制度规定也不得从销项税额中抵扣的，取得增值税专用发票时，应将待认证的目前不可抵扣的增值税进项税额，借记"应交税费——待认证进项税额"科目，贷记"银行存款""应付账款"等科目。经税务机关认证为不可抵扣的增值税进项税额时，借记"应交税费——应交增值税（进项税额）"科目，贷记"应交税费——待认证进项税额"科目；同时，将增值税进项税额转出，借记相关成本费用或资产科目，贷记"应交税费——应交增值税（进项税额转出）"科目。

【例 10-5】2022 年 6 月 28 日，盛安公司外购 300 台空调扇作为福利发放给直接从事生产的职工，取得的增值税专用发票上注明的价款为 150 000 元，增值税税额为 19 500 元，以银行存款支付了购买空调扇的价款和增值税进项税额，增值税专用发票尚未经税务机关认证。

会计分录如下：

① 采购入库（发票未认证）

借：库存商品 150 000

应交税费——待认证进项税额 19 500

贷：银行存款 169 500

② 经税务机关认证不可抵扣时

借：应交税费——应交增值税（进项税额） 19 500

贷：应交税费——待认证进项税额 19 500

借：库存商品 19 500

贷：应交税费——应交增值税（进项税额转出） 19 500

（2）销售货物、加工修理修配劳务、服务、无形资产或不动产的核算

1）企业销售货物、加工修理修配劳务、服务、无形资产或不动产，应当按应收或已收的金额，借记"应收账款""应收票据""银行存款"等科目，按取得的收益金额，贷记"主营业务收入""其他业务收入""固定资产清理"等科目，按现行增值税制度规定计算的销项税额（或采用简易计税方法计算的应纳增值税税额），贷记"应交税费——应交增值税（销项税额）"或"应交税费——简易计税"科目。

【例 10-6】2022 年 6 月份，盛安公司发生与销售相关的交易或事项以及相关的会计分录如下：

① 15 日，销售产品一批，开具增值税专用发票上注明的价款为 3 000 000 元，增值税税额为 390 000 元，提货单和增值税专用发票已交给买方，款项尚未收到。

借：应收账款 3 390 000

贷：主营业务收入　　　　　　　　　　　　　　　　　　3 000 000

　　　　应交税费——应交增值税（销项税额）　　　　　　　390 000

　　② 28 日，为外单位代加工电脑桌 500 个，每个收取加工费 80 元，已加工完成。开具增值税专用发票上注明的价款为 40 000 元，增值税税额为 5 200 元，款项已收到并存入银行。

　　借：银行存款　　　　　　　　　　　　　　　　　　　　45 200

　　　　贷：主营业务收入　　　　　　　　　　　　　　　　40 000

　　　　　　应交税费——应交增值税（销项税额）　　　　　5 200

　　2）企业销售货物等发生销售退回的，应根据税务机关开具的红字增值税专用发票作相反的会计分录。根据会计准则相关规定的收入或利得确认时点早于按照现行增值税制度确认增值税纳税义务发生时点的，应将相关销项税额记入"应交税费——待转销项税额"科目，待实际发生纳税义务时再转入"应交税费——应交增值税（销项税额）"或"应交税费——简易计税"科目。按照增值税制度确认增值税纳税义务发生时点早于根据会计准则相关规定收入或利得确认时点的，应将应纳增值税税额，借记"应收账款"科目，贷记"应交税费——应交增值税（销项税额）"或"应交税费——简易计税"科目，根据会计准则相关规定确认收入或利得时，应按扣除增值税销项税额后的金额确认收入或利得。

　　3）企业将自产或委托加工的货物用于集体福利或个人消费、作为投资提供给其他单位或个体工商户、分配给股东或投资者、对外捐赠等业务，应视同对外销售，按照现行增值税制度规定计算的销项税额（或采用简易计税方法计算的应纳增值税税额），借记"长期股权投资""应付职工薪酬""利润分配""营业外支出"等科目，贷记"应交税费——应交增值税（销项税额）"或"应交税费——简易计税"科目。

　　【例 10-7】2022 年 6 月份，盛安公司发生的视同销售交易或事项以及相关的会计分录如下：

　　① 10 日，公司以生产的产品对外捐赠，该批产品的实际成本为 200 000 元，市场不含税售价为 250 000 元，开具的增值税专用发票上注明的增值税税额为 32 500 元。

　　借：营业外支出　　　　　　　　　　　　　　　　　　　232 500

　　　　贷：库存商品　　　　　　　　　　　　　　　　　　200 000

　　　　　　应交税费——应交增值税（销项税额）　　　　　32 500

　　② 25 日，用一批原材料对外进行长期股权投资。该批原材料实际成本为 600 000

元，双方协商不含税价值为 750 000 元，开具的增值税专用发票上注明的增值税税额为 97 500 元。

借：长期股权投资   847 500

  贷：其他业务收入   750 000

    应交税费——应交增值税（销项税额） 97 500

同时，

借：其他业务成本   600 000

  贷：原材料   600 000

（3）计提/缴纳增值税的核算

① 缴纳增值税的核算 企业缴纳当月应交的增值税，借记"应交税费——应交增值税（已交税金）"科目，贷记"银行存款"科目；企业缴纳以前期间未交的增值税，借记"应交税费——未交增值税"科目，贷记"银行存款"科目。

【例 10-8】承上例，2022 年 6 月份，盛安公司当月发生增值税销项税额合计为 525 200 元，增值税进项税额转出合计为 29 900 元，增值税进项税额合计为 195 050 元。

该公司当月应交增值税计算结果如下：

当月应交增值税 = 525 200+29 900 −195 050 = 360 050（元）

当月实际交纳增值税税款 310 050 元，会计分录如下：

借：应交税费——应交增值税（已交税金）   310 050

  贷：银行存款   310 050

② 月末转出多交增值税和未交增值税 月度终了，对于当月应交未交的增值税，借记"应交税费——应交增值税（转出未交增值税）"科目，贷记"应交税费——未交增值税"科目；对于当月多交的增值税，借记"应交税费——未交增值税"科目，贷记"应交税费——应交增值税（转出多交增值税）"科目。

【例 10-9】承上例，2022 年 6 月 30 日，盛安公司将尚未交纳的其余增值税款 50 000 元进行结转。

会计分录如下：

借：应交税费——应交增值税（转出未交增值税） 50 000

  贷：应交税费——未交增值税   50 000

7 月份缴纳时：

借：应交税费——未交增值税   50 000

  贷：银行存款   50 000

（4）出口退税的核算

① 实行"免、抵、退"管理办法的小企业，按照税法规定计算的当期出口产品不予免征、抵扣和退税的增值税税额，借记"主营业务成本"科目，贷记"应交增值税——进项税额转出"科目。按照税法规定计算的当期应予抵扣的增值税税额，借记"应交增值税——出口抵减内销产品应纳税额"科目，贷记"应交增值税——出口退税"科目。由于应抵扣的税额大于应纳税额而未全部抵扣，出口产品按照税法规定应予退回的增值税税额，借记"其他应收款"科目，贷记"应交增值税——出口退税"科目。

【例10-10】盛安公司实行"免、抵、退"管理办法。

2022年5月经济业务数据如下：进项税额为30 000元，本期进项税额为50 000元，所有进项税额均可抵扣。出口产品销售收入为1 000 000元，内销产品销售收入为600 000元，按照规定其出口产品的退税率为11%。

当期不予免抵的税额的计算：

当期不予免抵的税额＝1 000 000×（13%－11%）＝20 000（元）

会计分录：

借：主营业务成本 20 000

　　贷：应交税费——应交增值税（进项税额转出） 20 000

当期应予抵扣的税额的计算：

当期内销产品销项税额＝600 000×13%＝78 000（元）

当期内销产品应纳税额＝78 000－（30 000+50 000－20 000）＝18 000（元）

当期出口退税额＝1 000 000×11%＝110 000（元）

应退税款＝110 000－18 000＝92 000（元）

会计分录：

借：应交税费——应交增值税（出口抵减内销产品应纳税额） 18 000

　　其他应收款 92 000

　　贷：应交税费——应交增值税（出口退税） 110 000

② 未实行"免、抵、退"管理办法的小企业，出口产品实现销售收入时，应当按照应收的金额，借记"应收账款"等科目，按照税法规定应收的出口退税，借记"其他应收款"科目，按照税法规定不予退回的增值税税额，借记"主营业务成本"科目，按照确认的销售商品收入，贷记"主营业务收入"科目，按照税法规定应纳的增值税税额，贷记"应交增值税——销项税额"科目。

【例 10-11】盛安公司未实行"免、抵、退"管理办法。

2022 年 5 月经济业务数据如下：出口产品销售收入为 800 000 元，按照规定其出口产品的退税率为 11%。

当期不予免抵的税额的计算：

当期不予免抵的税额 = 800 000 ×（13% −11%）= 16 000（元）

当期出口退税额 = 800 000 × 11% = 88 000（元）

会计分录：

借：应收账款   800 000

    其他应收款   88 000

    主营业务成本   16 000

    贷：主营业务收入   800 000

        应交税费——应交增值税（销项税额）   104 000

10.1.3.1.2　小规模纳税人增值税的核算

小规模纳税人购进货物、应税服务或应税行为，按照应付或实际支付的全部款项（包括支付的增值税税额），借记"材料采购""在途物资""原材料""库存商品"等科目，贷记"应付账款""应付票据""银行存款"等科目；销售货物、应税服务或应税行为，应按全部价款（包括应交的增值税税额），借记"银行存款"等科目，按不含税的销售额，贷记"主营业务收入"等科目，按应交增值税税额，贷记"应交税费——应交增值税"科目。

【例 10-12】盛安公司为增值税小规模纳税人，适用增值税征收率为 3%，原材料按实际成本核算。

该企业 2022 年 5 月经济交易如下：购入原材料一批，取得增值税专用发票上注明的价款为 30 000 元，增值税税额为 3 900 元，全部款项以银行存款支付，材料已验收入库。销售产品一批，开具的专用发票上注明的货款（含税）为 51 500 元，款项已存入银行。用银行存款交纳增值税 1 500 元。

会计分录如下：

① 购入原材料

借：原材料   33 900

    贷：银行存款   33 900

② 销售产品

借：银行存款   51 500

| 贷：主营业务收入 | 50 000 |
| 应交税费——应交增值税 | 1 500 |

③ 缴纳增值税

| 借：应交税费——应交增值税 | 1 500 |
| 贷：银行存款 | 1 500 |

10.1.3.1.3 差额征税的核算

（1）企业按规定相关成本费用允许扣减销售额的

按现行增值税制度规定，企业相关成本费用允许扣减销售额的，发生成本费用时，按应付或实际支付的金额，借记"主营业务成本"等科目，贷记"应付账款""应付票据""银行存款"等科目。待取得合规增值税扣税凭证且纳税义务发生时，按照允许抵扣的税额，借记"应交税费——应交增值税（销项税额抵减）"或"应交税费—— 简易计税"科目（小规模纳税人借记"应交税费——应交增值税"科目），贷记"主营业务成本"等科目。

【例 10-13】盛安旅行社为增值税一般纳税人，应交增值税采用差额征税方式核算。2022 年 7 月份，该旅行社为乙公司提供职工境内旅游服务，向乙公司收取含税价款 318 000 元，其中增值税 18 000 元，全部款项已收妥入账。旅行社以银行存款支付其他接团旅游企业的旅游费用和其他单位相关费用共计 254 400 元，其中，因允许扣减销售额而减少的销项税额 14 400 元。

会计分录如下：

① 确认旅游服务收入

借：银行存款	318 000
贷：主营业务收入	300 000
应交税费——应交增值税（销项税额）	18 000

② 支付旅游费用等

| 借：主营业务成本 | 254 400 |
| 贷：银行存款 | 254 400 |

③ 根据增值税扣税凭证抵减销项税额，并调整成本

| 借：应交税费——应交增值税（销项税额抵减） | 14 400 |
| 贷：主营业务成本 | 14 400 |

第②、③笔分录可合并会计分录如下：

| 借：主营业务成本 | 240 000 |

应交税费——应交增值税（销项税额抵减）	14 400
贷：银行存款	254 400

（2）企业转让金融商品

按现行增值税制度规定，企业实际转让金融商品，月末，如产生转让收益，则按应纳税额，借记"投资收益"等科目，贷记"应交税费——转让金融商品应交增值税"科目；如产生转让损失，则按可结转下月抵扣税额，借记"应交税费——转让金融商品应交增值税"科目，贷记"投资收益"等科目。交纳增值税时，借记"应交税费——转让金融商品应交增值税"科目，贷记"银行存款"科目。年末，"应交税费——转让金融商品应交增值税"科目如有借方余额，则借记"投资收益"等科目，贷记"应交税费——转让金融商品应交增值税"科目。

10.1.3.1.4 增值税税控系统专用设备和技术维护费用抵减增值税税额的核算

（1）企业初次购入增值税税控系统专用设备

企业初次购入增值税税控系统专用设备，按实际支付或应付的金额，借记"固定资产"科目，贷记"银行存款""应付账款"等科目。按规定抵减的增值税应纳税额，借记"应交税费——应交增值税（减免税款）"科目（小规模纳税人借记"应交税费——应交增值税"科目），贷记"管理费用"等科目。

【例10-14】盛安公司为增值税一般纳税人，初次购买数台增值税税控系统专用设备作为固定资产核算，取得增值税专用发票上注明的价款为38 000元，增值税税额为4 940元，价款和税款以银行存款支付。

会计分录如下：

① 取得设备，支付价款和税款

借：固定资产	42 940
贷：银行存款	42 940

② 按规定抵减增值税应纳税额时

借：应交税费——应交增值税（减免税款）	42 940
贷：管理费用	42 940

实务中，第②笔分录管理费用应记入借方负数，即：

借：应交税费——应交增值税（减免税款）	42 940
借：管理费用	-42 940

（2）企业发生增值税税控系统专用设备技术维护费

企业发生增值税税控系统专用设备技术维护费，应按实际支付或应付的金额，借记"管理费用"科目，贷记"银行存款"等科目。按规定抵减的增值税应纳税额，借记"应交税费——应交增值税（减免税款）"科目（小规模纳税人借记"应交税费——应交增值税"科目），贷记"管理费用"等科目。

10.1.3.2 消费税的账务处理

（1）销售应税消费品

企业销售应税消费品应交的消费税，借记"税金及附加"科目，贷记"应交税费——应交消费税"科目。

【例10-15】2022年8月1日，盛安公司作为增值税一般纳税人，和B企业签订协议，向B企业销售一批高档化妆品，这些化妆品属于应纳税消费品，价格为600 000元，产品成本为200 000元，增值税税率为13%，增值税税额为78 000元，消费税税率为15%，消费税税额为90 000元，化妆品已经发出，符合收入确认条件，但是货款尚未收到。

会计分录如下：

① 销售产品

借：应收账款		678 000
贷：主营业务收入		600 000
应交税费——应交增值税（销项税额）		78 000

② 确认消费税

借：税金及附加		90 000
贷：应交税费——应交消费税		90 000

③ 结转成本

借：主营业务成本		200 000
贷：库存商品		200 000

（2）自产自用应税消费品

企业将生产的应税消费品用于在建工程等非生产机构时，按规定应交纳的消费税，借记"在建工程"等科目，贷记"应交税费——应交消费税"科目。

【例10-16】2022年5月1日，B企业作为增值税一般纳税人，将自己生产的一批产品用于在建工程，按照相关规定，这些产品属于应税消费品。这批产品的销售价格为30 000元（不含增值税），生产成本为10 000元，增值税税率为13%，增值税税额为3 900元，消费税税率为15%，消费税税额为4 500元。

会计分录如下：

借：在建工程　　　　　　　　　　　　　　　　　　　18 400
　　贷：库存商品　　　　　　　　　　　　　　　　　　10 000
　　　　应交税费——应交增值税（销项税额）　　　　　 3 900
　　　　　　　　——应交消费税　　　　　　　　　　　 4 500

（3）委托加工应税消费品

企业如有应交消费税的委托加工物资，一般应由受托方代收代缴消费税。委托加工物资收回后，直接用于销售的，应将受托方代收代缴的消费税计入委托加工物资的成本，借记"委托加工物资"等科目，贷记"应付账款""银行存款"等科目；委托加工物资收回后用于连续生产应税消费品的，按规定准予抵扣的，应按已由受托方代收代缴的消费税，借记"应交税费——应交消费税"科目，贷记"应付账款""银行存款"等科目，待用委托加工的应税消费品生产出应纳消费税的产品销售时，再交纳消费税。

（4）金银首饰业务

① 有金银首饰零售业务以及采用以旧换新方式销售金银首饰的小企业，在营业收入实现时，按照应交的消费税，借记"税金及附加"科目，贷记"应交税费——应交消费税"科目。有金银首饰零售业务的小企业因受托代销金银首饰按照税法规定应交纳的消费税，借记"税金及附加"科目，贷记"应交税费——应交消费税"科目；以其他方式代销金银首饰的，其交纳的消费税，借记"税金及附加"科目，贷记"应交税费——应交消费税"科目。

② 有金银首饰批发、零售业务的小企业将金银首饰用于馈赠、赞助、广告、职工福利、奖励等方面的，应于物资移送时，按照应交的消费税，借记"营业外支出""销售费用""应付职工薪酬"等科目，贷记"应交税费——应交消费税"科目。

③ 企业随同金银首饰出售但单独计价的包装物，按照税法规定应交纳的消费税，借记"税金及附加"科目，贷记"应交税费——应交消费税"科目。

④ 企业因受托加工或翻新改制金银首饰按照税法规定应交纳的消费税，在向委托方交货时，借记"税金及附加"科目，贷记"应交税费——应交消费税"科目。

（5）进口应税消费品

企业进口应税物资交纳的消费税由海关代征。应交的消费税按照组成计税价格和规定的税率计算，消费税计入该项物资成本，借记"在途物资""材料采购""原材料""库存商品"科目，贷记"银行存款"等科目。

（6）企业免征消费税的出口应税消费品

企业免征消费税的出口应税消费品具体分为不同的情况进行会计核算：

① 企业（生产性）直接出口或通过外贸企业出口的物资，按照税法规定直接予以免征消费税的，可不计算应交消费税。

② 委托外贸企业代理出口应税消费品的企业（生产性），应在计算消费税时，按照应交消费税税额，借记"应收账款"科目，贷记"应交税费——应交消费税"科目。应税消费品出口收到外贸企业退回的税金时，借记"银行存款"科目，贷记"应收账款"科目。发生退关、退货而补交已退的消费税，做相反的会计分录。

【例10-17】2022年3月1日，盛安公司委托一家外贸企业出口一系列高级芯片，这些高级芯片属于应税消费品，按照规定需要交纳90 000元的消费税，并且实行先征后退。2022年3月18日，公司收到退回的税金。

会计分录如下：

2022年3月1日，委托出口

借：应收账款   90 000

  贷：应交税费——应交消费税   90 000

2022年3月18日，收到退回的税金：

借：银行存款   90 000

  贷：应收账款   90 000

（7）缴纳消费税

缴纳的消费税，借记"应交税费——应交消费税"科目，贷记"银行存款"科目。

10.1.3.3 其他税费的账务处理

（1）资源税

① 对外销售应税产品应交纳的资源税应记入"税金及附加"科目，借记"税金及附加"科目，贷记"应交税费——应交资源税"科目。

② 自产自用应税产品应交纳的资源税应记入"生产成本""制造费用"等科目，借记"生产成本""制造费用"等科目，贷记"应交税费—— 应交资源税"科目。

【例10-18】2022年2月，盛安公司将自己生产的铝矿资源用于产品生产，总共需要5 000吨铝矿，每吨应该交纳资源税16元。

资源税的计算：

应交资源税＝5 000×16＝80 000（元）

会计分录如下：

借：生产成本   80 000

  贷：应交税费——应交资源税   80 000

③企业收购未税矿产品，按照实际支付的价款，借记"材料采购"或"在途物资"等科目，贷记"银行存款"等科目，按照代扣代缴的资源税，借记"材料采购""在途物资"等科目，贷记"应交税费——应交资源税"科目。

【例10-19】2022年3月4日，盛安公司收购了一批未税矿产品，实际支付价款为300 000元，代扣代缴的资源税为60 000元。

会计分录如下：

借：材料采购   360 000

  贷：银行存款   300 000

    应交税费——应交资源税   60 000

④企业外购液体盐加工固体盐的核算。

a.在购入液体盐时，按照税法规定所允许抵扣的资源税，借记"应交税费——应交资源税"科目，按照购买价款减去允许抵扣的资源税后的金额，借记"材料采购""在途物资""原材料"等科目，按照应支付的购买价款，贷记"银行存款""应付账款"等科目。

b.加工成固体盐后：

•销售时，按照销售固体盐应交纳的资源税，借记"税金及附加"科目，贷记"应交税费——应交资源税"科目；

•将销售固体盐应交资源税抵扣液体盐已交资源税后的差额上交时，借记"应交税费——应交资源税"科目，贷记"银行存款"科目。

⑤企业交纳的资源税，借记"应交税费——应交资源税"科目，贷记"银行存款"科目。

（2）城市维护建设税

企业按规定计算出应交纳的城市维护建设税，借记"税金及附加"等科目，贷记"应交税费——应交城市维护建设税"科目。缴纳城市维护建设税，借记"应交税费——应交城市维护建设税"科目，贷记"银行存款"科目。

【例10-20】2022年5月，盛安公司实际交纳增值税510 000元，消费税240 000元，适用的城市维护建设税税率为7%。

城市维护建设税的计算：

应交城市维护建设税＝（510 000+240 000）×7％＝52 500（元）

会计分录如下：

① 计提

借：税金及附加 52 500

 贷：应交税费——应交城市维护建设税 52 500

② 缴纳

借：应交税费——应交城市维护建设税 52 500

 贷：银行存款 52 500

（3）教育费附加

企业按规定计算出应交纳的教育费附加，借记"税金及附加"等科目，贷记"应交税费——应交教育费附加"科目。缴纳教育费附加，借记"应交税费——应交教育费附加"科目，贷记"银行存款"科目。

【例10-21】盛安公司2022年第四季度应交纳教育费附加30 000元。款项已经用银行存款支付。

会计分录如下：

① 计提

借：税金及附加 30 000

 贷：应交税费——应交教育费附加 30 000

② 缴纳

借：应交税费——应交教育费附加 30 000

 贷：银行存款 30 000

（4）土地增值税

根据企业对房地产核算方法的不同，应交土地增值税的账务处理也有所区别：

① 企业转让的土地使用权连同地上建筑物及其附着物一并在"固定资产"科目核算的，转让时应交的土地增值税，借记"固定资产清理"科目，贷记"应交税费——应交土地增值税"科目。

② 土地使用权在"无形资产"科目核算的，借记"银行存款""累计摊销"科目，按应交的土地增值税，贷记"应交税费——应交土地增值税"科目，同时冲销土地使用权的账面价值，贷记"无形资产"科目，按其差额，借记"营业外支出"或贷记"营业外收入"科目。

③ 房地产开发经营企业销售房地产应交纳的土地增值税，借记"税金及附加"

科目，贷记"应交税费——应交土地增值税"科目。交纳土地增值税，借记"应交税费——应交土地增值税"科目，贷记"银行存款"科目。

（5）房产税、城镇土地使用税、车船税和矿产资源补偿费的核算

企业应交的房产税、城镇土地使用税、车船税、矿产资源补偿费，记入"税金及附加"科目，借记"税金及附加"科目，贷记"应交税费——应交房产税""应交税费——应交城镇土地使用税""应交税费——应交车船税""应交税费——应交矿产资源补偿费"科目。缴纳房产税、城镇土地使用税、车船税、矿产资源补偿费，借记"应交税费——应交房产税""应交税费——应交城镇土地使用税""应交税费——应交车船税""应交税费——应交矿产资源补偿费"科目，贷记"银行存款"科目。

10.1.4　错弊分析

【例10-22】盛安公司符合小型微利企业的认定标准，2022年11月份实现的销售额92 700元人民币，按规定免征增值税，会计分录如下：

借：银行存款　　　　　　　　　　　　　　　　　92 700

　　贷：主营业务收入　　　　　　　　　　　　　　　　92 700

分析：小微企业在取得销售收入时，应当按照现行增值税制度的规定计算应交增值税，并确认为应交税费，在达到增值税制度规定的免征增值税条件时，将有关应交增值税转入当期损益。

会计分录如下：

借：银行存款　　　　　　　　　　　　　　　　　92 700

　　贷：主营业务收入　　　　　　　　　　　　　　　　90 000

　　　　应交税费——应交增值税　　　　　　　　　　　2 700

借：应交税费——应交增值税　　　　　　　　　　　2 700

　　贷：营业外收入　　　　　　　　　　　　　　　　　2 700

10.2　税金及附加业务

10.2.1　概念梳理

税金及附加是指企业开展日常生产经营活动应负担的消费税、城市维护建设税、资源税、土地增值税、城镇土地使用税、房产税、车船税、印花税、教育费附加、矿产资源补偿费、排污费等。

10.2.2 科目档案

税金及附加的科目档案如表 10-3 所示。

表 10-3　税金及附加的科目档案

科目全称	税金及附加	曾用名		营业税金及附加
科目编号	5403	是否有备抵科目		无
使用频率	高	适用行业		全覆盖
明细科目	本科目应按照税收种类进行明细核算			
科目方向	借方	科目属性		损益类科目
科目借方含义	登记发生额	科目贷方含义		登记结转的金额
期末是否可以有余额	不可以	期末余额意义	借方余额	无
			贷方余额	无
报表位置	利润表	报表列示方式		列示在税金及附加项目中
科目解释	本科目核算企业经营活动发生的各种税费			

税金及附加的科目设置如表 10-4 所示。

表 10-4　税金及附加的科目设置

一级科目		二级科目	
科目编号	科目名称	科目编号	科目名称
5403	税金及附加	540301	消费税
		540302	城市维护建设税
		540303	资源税
		540304	教育费附加
		540305	房产税
		540306	土地使用税
		540307	车船使用税
		540308	印花税

10.2.3 账务处理

（1）城市维护建设税、教育费附加的核算

企业按照规定计算确定的与其日常生产经营活动相关的城建税、教育费附加，借记"税金及附加——城市维护建设税""税金及附加——教育费附加"科目，贷记"应交税费"等科目。

【例10-23】盛安公司2022年12月份应交城市维护建设税644元，应交教育费附加276元。

会计分录如下：

借：税金及附加——城市维护建设税   644

    ——教育费附加   276

 贷：应交税费   920

（2）印花税的核算

① 按合同自贴花印花税的核算 企业按合同自贴花的印花税，借记"税金及附加——印花税"科目，贷记"银行存款"等科目。

【例10-24】盛安公司与某建筑公司签订一份建筑承包合同，合同金额60 000 000元（含相关费用500 000元）。施工期间，盛安公司又将其中价值8 000 000元的安装工程转包给甲企业，并签订转包合同。

印花税的计算：

$60\ 000\ 000 \times 0.3‰ + 8\ 000\ 000 \times 0.3‰ = 20\ 400$（元）

会计分录如下：

借：税金及附加——印花税   20 400

 贷：银行存款   20 400

② 汇总缴纳印花税的核算 企业汇总缴纳印花税，借记"税金及附加——印花税"科目，贷记"应交税费"等科目。

（3）其他税费的核算

企业按照规定计算确定的其日常生产经营活动应负担的消费税、城市维护建设税、资源税、土地增值税、城镇土地使用税、房产税、车船税、印花税、教育费附加、矿产资源补偿费、排污费等，借记"税金及附加"科目，贷记"应交税费"等科目。

10.2.4 错弊分析

【例10-25】盛安公司与甲公司签订了两份合同：一是以货换货合同，盛安公司的货物价值2 000 000元，甲公司的货物价值1 500 000元；二是采购合同，盛安公司购买甲公司500 000元货物，但因故未能兑现。

盛安公司缴纳印花税的计算：

应纳税额 $=$（$2\ 000\ 000 + 1\ 500\ 000$）$\times 0.3‰ = 1\ 050$（元）

会计分录如下：

借：税金及附加——印花税　　　　　　　　　　　　　　　　　　1 050

　　贷：银行存款　　　　　　　　　　　　　　　　　　　　　　　　1 050

分析：此处盛安公司以 500 000 元的合同未能兑现为由，不缴纳印花税是错误的，因为购销合同是按合同金额计征印花税的。

盛安公司缴纳印花税的计算：

应纳税额＝（2 000 000+1 500 000+500 000）×0.3‰＝1 200（元）

会计分录如下：

借：税金及附加——印花税　　　　　　　　　　　　　　　　　　1 200

　　贷：银行存款　　　　　　　　　　　　　　　　　　　　　　　　1 200

10.3　所得税费用业务

10.3.1　概念梳理

所得税费用中的"所得税"即企业所得税，也即企业根据企业所得税法确定的应从当期利润总额中扣除的税费。

（1）企业所得税的征收方式

① 查账征收　对于查账征收企业所得税的居民企业，税务机关按照一定的标准、程序和办法，直接核定纳税人年度应纳企业所得税额，由纳税人按规定进行申报缴纳。

② 核定征收　对于核定征收企业所得税的居民企业，主管税务机关可根据纳税人具体情况，采取核定应税所得率或核定应纳所得税额的征税方法。

（2）企业所得税的缴纳

① 预缴　企业所得税分月或者分季预缴。企业应当自月份或者季度终了之日起 15 日内，向税务机关报送预缴企业所得税纳税申报表，预缴税款。

② 汇算清缴　企业应当自年度终了之日起 5 个月内，向税务机关报送年度企业所得税纳税申报表，并汇算清缴，结清应缴应退税款。

10.3.2　科目档案

所得税费用的科目档案如表 10-5 所示。

表 10-5 所得税费用的科目档案

科目全称	所得税费用	曾用名		无
科目编号	5801	是否有备抵科目		无
使用频率	高	适用行业		全覆盖
明细科目	一般不设置			
科目方向	借方	科目属性		损益类科目
科目借方含义	登记发生额	科目贷方含义		登记结转的金额
期末是否可以有余额	不可以	期末余额意义	借方余额	无
			贷方余额	无
报表位置	利润表	报表列示方式		列示在所得税费用项目中
科目解释	本科目核算企业确认的应从当期利润总额中扣除的所得税费用			

所得税费用的科目设置如表 10-6 所示。

表 10-6 所得税费用的科目设置

一级科目		二级科目	
科目编号	科目名称	科目编号	科目名称
5801	所得税费用	自设	自设

10.3.3 账务处理

年度终了，企业按照企业所得税法规定计算确定的当期应纳税税额，借记"所得税费用"科目，贷记"应交税费"科目。

（1）季度末所得税费用的计算

【例 10-26】假设盛安公司 2022 年第 3 季度实现利润总额 6 000 000 元，适用的所得税税率为 25%。无其他调整事项。

季度末企业所得税费用的计算：

应交所得税 = 6 000 000 × 25% = 1 500 000（元）

会计分录如下：

借：所得税费用   1 500 000

    贷：应交税费   1 500 000

（2）季度末实际预缴企业所得税

【例 10-27】承上例，2022 年 10 月 19 日，申报预缴第三季度企业所得税。

会计分录如下：

借：应交税费   1 500 000

贷：银行存款 1 500 000

年终所得税的汇算清缴，是对所得税应纳税额的调整，不是对会计账的调整。如果不涉及补缴所得税的话，会计不做账务处理。

10.3.4 错弊分析

【例 10-28】2022 年盛安公司全年预缴所得税为 600 000 元。2023 年 3 月，汇算清缴后的 2022 年度企业所得税为 580 000 元。企业已经预缴 600 000 元，多预缴了 20 000 元。

会计分录如下：

借：应交税费 20 000

　　贷：以前年度损益调整 20 000

分析：根据《小企业会计准则》，可将调整上年的损益直接计入当期损益。

会计分录如下：

借：应交税费 20 000

　　贷：所得税费用 20 000

第11章
所有者权益业务账务处理与错弊分析

▼

　　所有者权益，是指所有者在企业资产中享有的经济利益，即企业的资产扣除负债后由所有者享有的剩余权益。企业的所有者权益又称为股东权益，包括实收资本（或者股本）、资本公积、盈余公积和未分配利润，其中，盈余公积和未分配利润又统称为留存收益。

　　所有者权益的特征主要有：

　　① 所有者权益是企业投资人对企业净资产的所有权。它受总资产和总负债变动的影响而发生增减变动。

　　② 所有者权益包含以所有者出资额的比例分享的企业利润，与此同时，所有者也必须以其出资额承担企业的经营风险。

　　③ 所有者权益还意味着所有者有法定的管理企业和委托他人管理企业的权利。所有者权益的来源包括所有者投入的资本、直接计入所有者权益的利得和损失、留存收益等。

11.1 实收资本业务

11.1.1 概念梳理

实收资本，是指投资者按照合同协议约定或相关规定投入企业，构成企业注册资本的部分。所有者向企业投入的资本，是企业进行经营活动的初始资金来源，在一般情况下无须偿还，可以长期周转使用。实收资本的构成比例是企业据以向投资者进行利润或股利分配的主要依据，除了符合规定条件的增资和减资之外，企业的实收资本一般不得随意变动。

企业应按照企业章程、合同、协议或有关规定，根据实际收到的货币、实物及无形资产来确认投入资本。

① 对于以货币投资的，主要根据收款凭证加以确认与验证。对于外方投资者的外汇投资，应取得利润来源地外汇管理局的证明。

② 对于以房屋建筑物、机器设备、材料物资等实物资产作价出资的，应以各项有关凭证为依据进行确认，并应进行实物清点、实地勘察以核实有关投资。房屋建筑物应具备产权证明。

③ 对于以专利权、专有技术、商标权、土地使用权等无形资产作价出资的，应以各项有关凭证及文件资料作为确认与验证的依据。外方合营者出资的工业产权与专有技术，必须符合规定的条件。

11.1.2 科目档案

实收资本的科目档案如表 11-1 所示。

表 11-1 实收资本的科目档案

科目全称	实收资本	曾用名		无
科目编号	3001	是否有备抵科目		无
使用频率	高	适用行业		全覆盖
明细科目	本科目应按照投资人的不同自行设置子科目进行核算			
科目方向	贷	科目属性		所有者权益类科目
科目借方含义	企业资本过剩或发生重大亏损而减少的资本额	科目贷方含义		企业收到投资人投入的资本金、企业公积金转增资本金、债务重组转增资本金
期末是否可以有余额	可以	期末余额意义	借方余额	无
			贷方余额	企业实际收到投资者投入的资本金
报表位置	资产负债表之所有者权益	报表列示方式		列示在实收资本项目中
科目解释	本科目核算企业接受投资者投入的实收资本。股份有限责任公司设"股本"科目核算其实收资本			

实收资本的科目设置如表 11-2 所示。

表 11-2 实收资本的科目设置

一级科目		二级科目	
科目编号	科目名称	科目编号	科目名称
3001	实收资本	300101	国家资本金
		300102	法人资本金
		300103	集体资本金
		300104	个人资本金
		300105	已归还投资
		300106	外商资本金
		300107	其他

按表 11-2 设置二级科目后，仍要按股东的不同设置三级科目名称。也可以直接在"实收资本"下设置股东名称作为二级科目。

11.1.3 账务处理

（1）实收资本增加的核算

企业接受投资者投入的资本，分别按照现金资产和非现金资产，借记"银行存款""其他应收款""固定资产""无形资产""长期股权投资"等科目，按其在注册资本或股本中所占份额，贷记"实收资本"，按其差额，贷记"资本公积"。

【例 11-1】甲、乙、丙三家公司出资设立盛安有限责任公司。其中，甲公司以货币资金形式出资 1 000 000 元，已经存入盛安公司开户银行。

会计分录如下：

借：银行存款   1 000 000

    贷：实收资本——甲公司   1 000 000

【例 11-2】承上例，乙公司投资一批原材料，投资合同约定该批材料的价值为 50 000 元，增值税税额 6 500 元。

会计分录如下：

借：原材料   50 000

    应交税费   6 500

    贷：实收资本——乙公司   56 500

【例 11-3】承【例 11-1】，丙公司投入全新的生产设备并交付使用，协商作价 80 000 元，增值税税额 2 400 元，丙公司交来增值税专用发票。

会计分录如下：

借：固定资产   80 000

    应交税费   2 400

      贷：实收资本——丙公司   82 400

（2）实收资本减少的核算

中外合作经营企业根据合同规定在合作期间归还投资者的投资，借记"实收资本——已归还投资"科目，贷记"银行存款"等科目；同时，借记"利润分配——利润归还投资"科目，贷记"盈余公积——利润归还投资"科目。

【例 11-4】盛安公司拟与圣安公司合并，在合并决议达成时，盛安公司股东刘牧表示强烈反对，转让股份时，其余股东无人愿意接受其股权。刘牧要求公司收购其股权。一个月后，公司开出支票 6 000 000 元收购刘牧的股权（其出资额 6 000 000 元）。

会计分录如下：

借：实收资本——刘牧   6 000 000

    贷：银行存款   6 000 000

【例 11-5】甲有限责任公司的股东丁因故欲转让其全部股权。其实缴的出资额为 2 000 000 元。另两位股东丙和乙协商各按 50% 接收其股权。

会计分录如下：

借：实收资本——丁   2 000 000

    贷：实收资本——丙   1 000 000

        ——乙   1 000 000

11.1.4 错弊分析

【例 11-6】盛安公司由甲、乙、丙三人出资设立，注册资本为 3 000 000 元，三人出资比例分别为 60%、20%、20%。为扩大经营规模，经批准，盛安公司注册资本增加到 4 000 000 元，并引进第四位投资者丁。按照投资协议，新投资者需交现金 1 100 000 元，同时享有该公司 25% 的股份。公司收到该现金投资。

会计分录如下：

借：银行存款   1 100 000

    贷：实收资本——丁   1 100 000

分析：收到丁的资金投入，记入"实收资本"科目的金额只能是其在本公司注册资本（4 000 000 元）中的 25%，即 1 000 000 元，超出部分应该记入"资本公积"科目。

会计分录如下：

借：银行存款   1 100 000

 贷：实收资本——丁   1 000 000

  资本公积   100 000

11.2 资本公积业务

11.2.1 概念梳理

资本公积是指企业收到投资者出资额超出其在注册资本或股本中所占份额的部分以及直接计入所有者权益的利得和损失，主要是指资本溢价。

资本溢价，指企业收到投资者超出其在企业注册资本中所占份额的投资。股本溢价，指股份有限公司溢价发行股票时实际收到的款项超过股票面值总额的数额。直接计入所有者权益的利得和损失，指不应计入当期损益、会导致所有者权益变动的、与所有者投入资本或向所有者分配利润无关的利得或损失。

资本公积的用途主要是增加实收资本或股本。企业可以自行掌握资本公积转增资本的比例。

11.2.2 科目档案

资本公积的科目档案如表 11-3 所示。

表 11-3　资本公积的科目档案

科目全称	资本公积	曾用名	无
科目编号	3002	是否有备抵科目	无
使用频率	高	适用行业	全覆盖
明细科目	本科目应按照"资本或股本溢价""其他资本公积"进行明细核算		
科目方向	贷	科目属性	所有者权益类科目
科目借方含义	资本公积的减少和转出，发生的直接计入所有者权益的损失	科目贷方含义	企业收到投资人投入的资本或股本溢价、取得的直接计入所有者权益的利得
期末是否可以有余额	可以	期末余额意义	借方余额	无
			贷方余额	反映企业资本公积结余数
报表位置	资产负债表之所有者权益	报表列示方式	列示在资本公积项目中
科目解释	本科目核算企业收到投资者出资超出其注册资本中所占份额的部分		

资本公积的科目设置如表 11-4 所示。

表 11-4　资本公积的科目设置

一级科目		二级科目	
科目编号	科目名称	科目编号	科目名称
3002	资本公积	300201	资本溢价
		300202	股本溢价
		300203	其他资本公积

11.2.3　账务处理

（1）收到投资者的出资

企业收到投资者的出资，借记"银行存款""其他应收款""固定资产""无形资产"等科目，按照其在注册资本中所占的份额，贷记"实收资本"科目，按照两者差额，贷记"资本公积"科目。

【例 11-7】甲、乙、丙三人各出资 1 000 000 元设立盛安有限责任公司。1 年后，丁愿意出资 1 200 000 元占公司股份的 25%。该公司收到投资款并存入银行。

会计分录如下：

借：银行存款　　　　　　　　　　　　　　　1 200 000

　　贷：实收资本　　　　　　　　　　　　　　1 000 000

　　　　资本公积——资本溢价　　　　　　　　　200 000

【例 11-8】2022 年 3 月 1 日，盛安公司收到甲公司投入一台高技术生产设备，折合成该公司 8% 的股份，计价为 100 000 元，经过协商，这台机器设备可以确认的价值是 120 000 元。

会计分录如下：

借：固定资产　　　　　　　　　　　　　　　　120 000

　　贷：实收资本——甲公司　　　　　　　　　　100 000

　　　　资本公积——资本溢价　　　　　　　　　 20 000

（2）资本公积转增资本

根据有关规定用资本公积转增资本，借记"资本公积"科目，贷记"实收资本"科目。根据有关规定减少注册资本，借记"实收资本""资本公积"等科目，贷记"库存现金""银行存款"等科目。

【例 11-9】2022 年 2 月 1 日，盛安公司作为有限责任公司成立，由甲、乙、丙三人共同出资，公司注册资本为 5 000 000 元，其中，甲、乙、丙三人的持股比例分别为

40%、40% 和 20%。2023 年 2 月 1 日，由于企业发展形势良好，为了扩大生产经营规模，投资者甲、乙、丙三人决定按照原出资比例将资本公积 1 000 000 元转增资本。

会计分录如下：

借：资本公积　　　　　　　　　　　　　　　　　1 000 000

　　贷：实收资本　　　　　　　　　　　　　　　　　1 000 000

11.2.4　错弊分析

【例 11-10】盛安公司 2022 年 1 月 10 日收到国外投资者 A 公司投入的资金 100 万美元，存入银行。当日的即期汇率为 1 美元＝7.10 元人民币。投资协议汇率为 1 美元＝6.30 元人民币。

会计分录如下：

借：银行存款　　　　　　　　　　　　　　　　　7 100 000

　　贷：实收资本　　　　　　　　　　　　　　　　　6 300 000

　　　　资本公积　　　　　　　　　　　　　　　　　　800 000

分析：企业收到投资者以外币投入的资本，应当采用交易发生日即期汇率折算，不得采用合同约定汇率和即期汇率的近似汇率折算，外币投入资本与相应的货币性项目的记账本位币金额之间不产生外币资本折算差额。

会计分录如下：

借：银行存款　　　　　　　　　　　　　　　　　7 100 000

　　贷：实收资本　　　　　　　　　　　　　　　　　7 100 000

11.3　盈余公积业务

11.3.1　概念梳理

盈余公积是指企业按照法律规定在税后利润中提取的法定公积和任意公积。法定公积和任意公积的区别在于各自计提的依据不同：前者以国家的法律或行政规章为依据提取；后者则由企业自行决定提取。

11.3.2　科目档案

盈余公积的科目档案如表 11-5 所示。

表 11-5　盈余公积的科目档案

科目全称	盈余公积	曾用名	无
科目编号	3101	是否有备抵科目	无
使用频率	高	适用行业	全覆盖
明细科目	本科目应当分"法定盈余公积""任意盈余公积"进行明细核算		
科目方向	贷	科目属性	所有者权益类科目
科目借方含义	盈余公积的减少和转出	科目贷方含义	企业按规定从税后利润中提取的公积金
期末是否可以有余额	可以	期末余额意义	借方余额　无
			贷方余额　反映企业盈余公积结余数
报表位置	资产负债表之所有者权益	报表列示方式	列示在盈余公积项目中
科目解释	本科目核算企业(公司制)按照公司法规定在税后利润中提取的法定公积金和任意公积金		

盈余公积的科目设置如表 11-6 所示。

表 11-6　盈余公积的科目设置

一级科目		二级科目	
科目编号	科目名称	科目编号	科目名称
3101	盈余公积	310101	法定盈余公积
		310102	任意盈余公积

11.3.3　账务处理

（1）提取法定公积和任意公积

企业（公司制）按照公司法规定提取法定公积和任意公积，借记"利润分配——提取法定盈余公积、提取任意盈余公积"科目，贷记"盈余公积——法定盈余公积、任意盈余公积"科目。

【例 11-11】盛安有限责任公司以前年度没有亏损。2022 年全年实现净利润 200 万元，按 10%提取法定盈余公积，按 5%提取任意盈余公积。

会计分录如下：

借：利润分配——提取法定盈余公积　　　　　　200 000

　　　　　　——提取任意盈余公积　　　　　　100 000

　　贷：盈余公积——法定盈余公积　　　　　　　　200 000

　　　　　　——任意盈余公积　　　　　　　　　　100 000

（2）提取储备基金、企业发展基金、职工奖励及福利基金

企业（外商投资）按照规定提取储备基金、企业发展基金、职工奖励及福利基金，借记"利润分配——提取储备基金、提取企业发展基金、提取职工奖励及福利基金"科目，贷记"盈余公积——储备基金、企业发展基金"及"应付职工薪酬"科目。

（3）盈余公积弥补亏损或者转增资本

经股东大会或类似权力机构会议批准，企业可用盈余公积弥补亏损。企业用盈余公积弥补亏损或者转增资本，借记"盈余公积"科目，贷记"利润分配"或"实收资本"科目。

【例11-12】盛安有限责任公司由董事会提议，股东大会批准，用50万元法定盈余公积弥补以前年度的亏损。

会计分录如下：

借：盈余公积——法定盈余公积   500 000

    贷：利润分配   500 000

企业用盈余公积转增资本时，应当按照转增资本前的实收资本比例，将盈余公积转增资本的数额记入"实收资本"科目下各所有者的投资明细账，相应增加各所有者对企业的投资。

【例11-13】盛安有限责任公司为扩大经营规模，经批准按出资比例将150万元盈余公积转增资本。

会计分录如下：

借：盈余公积   1 500 000

    贷：实收资本   1 500 000

（4）返还投资

企业（中外合作经营）根据合同规定在合作期间归还投资者的投资，应当按照实际归还投资的金额，借记"实收资本"科目，贷记"银行存款"等科目；同时，借记"利润分配"科目，贷记"盈余公积——利润归还投资"。

11.3.4 错弊分析

【例11-14】2022年2月10日，盛安股份有限责任公司发行权益性证券作为与A公司合并的对价，溢价100 000元。佣金等发行费用110 000元，以存款支付。

会计分录如下：

借：资本公积   100 000

    财务费用   10 000

    贷：银行存款   110 000

分析：为发行权益性证券支付给有关证券承销机构等的手续费、佣金等与权益性证券发行直接相关的费用，应自权益性证券的溢价发行收入中扣除，权益性证券的溢价收入不足以冲减的，应依次冲减"盈余公积"和"未分配利润"。

会计分录如下：

借：资本公积   100 000

     盈余公积   10 000

     贷：银行存款   110 000

11.4　利润分配业务

11.4.1　概念梳理

利润分配是企业在一定时期（通常为年度）内对所实现的利润总额以及从联营单位分得的利润，按规定在国家与企业、企业与企业之间的分配。

11.4.2　科目档案

利润分配的科目档案如表 11-7 所示。

表 11-7　利润分配的科目档案

科目全称	利润分配		曾用名	无
科目编号	3104		是否有备抵科目	无
使用频率	高		适用行业	全覆盖
明细科目	本科目应按照"应付利润""未分配利润"等进行明细核算			
科目方向	贷		科目属性	所有者权益类科目
科目借方含义	企业提取的公积金和应付的利润以及转入的亏损		科目贷方含义	企业转入的本年利润
期末是否可以有余额	可以	期末余额意义	借方余额	反映企业未弥补的亏损数
			贷方余额	反映企业未分配的利润数
报表位置	资产负债表之所有者权益		报表列示方式	列示在未分配利润项目中
科目解释	本科目核算企业利润的分配（或亏损的弥补）和历年分配（或弥补）后的余额			

利润分配的科目设置如表 11-8 所示。

表 11-8　利润分配的科目设置

一级科目		二级科目	
科目编号	科目名称	科目编号	科目名称
3104	利润分配	310401	提取法定盈余公积
		310402	提取任意盈余公积
		310403	应付现金股利或利润
		310404	转作股本的股利
		310405	盈余公积补亏
		310406	未分配利润

11.4.3 账务处理

（1）弥补企业以前年度亏损

以税前利润或税后利润弥补亏损，均不需要进行专门的账务处理，只要将企业实现的利润自"本年利润"科目结转到"利润分配——未分配利润"科目的贷方，其贷方发生额与"利润分配——未分配利润"科目的借方余额自然抵补；所不同的是以税前利润进行弥补亏损的情况下，其弥补的数额可以抵减企业当期的应纳税所得额，而用税后利润进行弥补亏损的数额，则不能在企业当期的应纳税所得额中抵减。但如果用盈余公积弥补亏损，则需作账务处理，借记"盈余公积"科目，贷记"利润分配——盈余公积补亏"科目。

【例11-15】2022年截至12月31日，盛安股份有限责任公司实现净利润600万元。

会计分录如下：

借：本年利润   6 000 000

  贷：利润分配——未分配利润   6 000 000

（2）提取公积金

【例11-16】承上例，按10%提取法定公积金，按5%提取任意公积金。

公积金的计算：

法定盈余公积＝6 000 000×（1-25%）×10%＝450 000（元）

任意盈余公积＝6 000 000×（1-25%）×5%＝225 000（元）

会计分录如下：

借：利润分配——提取法定盈余公积   450 000

     ——提取任意盈余公积   225 000

  贷：盈余公积   675 000

（3）向投资者分配现金股利或利润

股份公司董事会或类似机构通过的利润分配方案中拟分配的现金股利或利润，不作账务处理，但应在附注中披露。

【例11-17】年末，盛安公司根据股东大会决议批准，宣告向投资人发放现金股利466 000元。假定不考虑其他因素。

会计分录如下：

借：利润分配——应付现金股利或利润   466 000

  贷：应付股利   466 000

（4）分配股票股利的核算

【例11-18】盛安股份有限责任公司2022年12月31日共计有普通股500万股，股东大会批准当年股票股利分配方案，以2022年12月31日为登记日，每股分配0.2元，并在工商部门办理完增资手续。

会计分录如下：

借：利润分配——转作股本的普通股股利   1 000 000

  贷：股本   1 000 000

（5）结转已分配利润的核算

年度终了，企业将"利润分配"科目下的借方发生额转入"未分配利润"科目。即年终结转后，"利润分配"科目的借方没有余额。

【例11-19】承【例11-16】、【例11-17】、【例11-18】，结转本年度已分配的利润。

会计分录如下：

借：利润分配——未分配利润   2 141 000

  贷：利润分配——提取法定盈余公积   450 000

     ——提取任意盈余公积   225 000

     ——应付现金股利或利润   466 000

     ——转作股本的普通股股利   1 000 000

【例11-20】盛安公司2022年年初未分配利润200 000元，任意盈余公积200 000元，当年实现税后利润1 800 000元，公司股东大会决定按10%提取法定盈余公积，20%提取任意盈余公积，分派现金股利500 000元。

盛安公司现有股东情况如下：A公司占25%，B公司占30%，C公司占10%，D公司占5%，其他占30%。2013年12月，经公司股东大会决议，以任意盈余公积400 000元转增资本，并已办妥转增手续。该公司会计分录如下：

① 利润分配

借：本年利润   1 800 000

  贷：利润分配——未分配利润   1 800 000

借：利润分配——提取法定盈余公积   180 000

  利润分配——提取任意盈余公积   360 000

  利润分配——应付现金股利   500 000

  贷：盈余公积——法定盈余公积   180 000

    盈余公积——任意盈余公积   360 000

应付股利	500 000
借：利润分配——未分配利润	1 040 000
贷：利润分配——提取法定盈余公积	180 000
利润分配——提取任意盈余公积	360 000
利润分配——应付现金股利	500 000

② 盈余公积转增资本

借：盈余公积——任意盈余公积	400 000
贷：股本	400 000

11.4.4 错弊分析

【例 11-21】盛安股份有限责任公司 2022 年 1 月 1 日所有者权益构成情况如下：实收资本 18 000 000 元，资本公积 2 000 000 元，盈余公积 4 000 000 元，未分配利润 2 000 000 元。年度实现利润总额 6 000 000 元，企业所得税税率为 25%。假定不存在纳税调整事项及其他因素。该企业 2022 年 12 月 31 日提取 10% 的法定盈余公积金。

法定盈余公积金的计算：

企业 2022 年 12 月 31 日可供分配利润

= 2 000 000+6 000 000×（1-25%）= 6 500 000（元）

法定盈余公积金 = 6 500 000×10% = 650 000（元）

会计分录如下：

借：利润分配——提取法定盈余公积	650 000
贷：盈余公积——法定盈余公积	650 000

分析：提取盈余公积金的基数是本年度的净利润。

2022 年年末应提取的法定盈余公积金

= 6 000 000×（1-25%）×10% = 450 000（元）

会计分录如下：

借：利润分配——提取法定盈余公积	450 000
贷：盈余公积——法定盈余公积	450 000

第 **12** 章

经营成果业务账务
处理与错弊分析

▼

12.1　经营收入业务

12.1.1　概念梳理

企业的经营收入业务包括主营业务收入和其他业务收入。

① 主营业务收入是指企业在主营日常活动中所产生的收入。不同行业的主营业务收入包括的内容不同。工业企业的主营业务收入主要包括销售商品、自制半成品、代制品、代修品、提供工业性作业等所取得的收入。主营业务收入在企业营业收入中占比较大，对企业的经济效益有较大的影响。

② 其他业务收入是指各类企业主营业务以外的其他日常活动所取得的收入。对工业企业而言，材料物资及包装物销售、无形资产使用权实施许可、固定资产出租、包装物出租、代购代销收入等均属于其他业务收入。一般情况下，其他业务活动的收入占比不大，发生频率不高，在收入中所占比重较小。

12.1.2　科目档案

主营业务收入的科目档案如表 12-1 所示。

表 12-1　主营业务收入的科目档案

科目全称	主营业务收入	曾用名		产品销售收入
科目编号	5001	是否有备抵科目		无
使用频率	高	适用行业		全覆盖
明细科目	本科目应按照主营业务种类自行设置子科目进行核算			
科目方向	贷方	科目属性		损益类科目
科目借方含义	结转金额	科目贷方含义		登记发生额
期末是否可以有余额	不可以	期末余额意义	借方余额	无
			贷方余额	无
报表位置	利润表之营业收入	报表列示方式		列示在营业收入项目中
科目解释	本科目核算企业确认的销售商品、提供服务等主营业务的收入			

主营业务收入的科目设置如表 12-2 所示。

表 12-2　主营业务收入的科目设置

一级科目		二级科目	
科目编号	科目名称	科目编号	科目名称
5001	主营业务收入	500101	销售商品
		500102	提供劳务

其他业务收入的科目档案如表 12-3 所示。

表 12-3　其他业务收入的科目档案

科目全称	其他业务收入	曾用名		无
科目编号	5051	是否有备抵科目		无
使用频率	高	适用行业		全覆盖
明细科目	本科目应按照其他业务种类自行设置子科目进行核算			
科目方向	贷方	科目属性		损益类科目
科目借方含义	结转金额	科目贷方含义		登记发生额
期末是否可以有余额	不可以	期末余额意义	借方余额	无
			贷方余额	无
报表位置	利润表之营业收入	报表列示方式		列示在营业收入项目中
科目解释	本科目核算企业确认的除主营业务活动以外的其他经营活动实现的收入			

其他业务收入的科目设置如表 12-4 所示。

表 12-4　其他业务收入的科目设置

一级科目		二级科目	
科目编号	科目名称	科目编号	科目名称
5051	其他业务收入	505101	销售材料
		505102	出租固定资产
		505103	代购代销
		505104	出租无形资产
		550105	其他

12.1.3　账务处理

12.1.3.1　主营业务收入的核算

（1）销售商品收入的核算

① 销售产品取得收入的核算　确认销售商品收入时，企业应按已收或应收的合同或协议价款，加上应收取的增值税税额，借记"银行存款""应收账款""应收票据"等科目，按确定的收入金额，贷记"主营业务收入""其他业务收入"等科目，按应收取的增值税税额，贷记"应交税费"科目。

【例 12-1】盛安公司 2022 年 11 月 1 日，销售 100 件商品给甲企业，该批商品不含税售价 100 000 元，增值税税率 13％。实际成本 60 000 元。商品已经发出，货款未收。

会计分录如下：

借：应收账款　　　　　　　　　　　　　　　　　　　　113 000

　　贷：主营业务收入——销售商品　　　　　　　　　　　　　100 000

应交税费	13 000

② 不符合销售商品收入确认条件的核算　对于不符合销售商品收入确认条件，但是商品已发出的，应按发出商品的实际成本，借记"发出商品"科目，贷记"库存商品"科目；发出商品同时开具了增值税发票，借记"应收账款"科目，贷记"应交税费"科目。

【例 12-2】承上例，盛安公司在销售时已知甲企业资金周转发生暂时困难，但考虑到甲企业的资金周转困难可能是暂时的，将来仍有可能收回货款，因此仍将商品售给了甲企业。由于此项收入目前收回的可能性不大，盛安公司在销售商品时不能确认为收入。

会计分录如下：

a. 发出商品时

借：发出商品		60 000
贷：库存商品		60 000

b. 开具发票

借：应收账款		13 000
贷：应交税费		13 000

c. 确认收入

借：应收账款		100 000
贷：主营业务收入——销售商品		100 000

③ 销售折让的核算　销售折让应在实际发生时冲减当期的营业收入，按规定允许扣减当期的销项税额的，应同时用红字冲减当期的销项税额，即借记"主营业务收入""应交税费"科目，贷记"应收账款"科目。

【例 12-3】承【例 12-1】，2022 年 11 月 15 日，甲企业收到货物并办理验收，发现质量不合格的商品有 5 件，要求降价 10%，盛安公司同意，并开具红字增值税发票。

会计分录如下：

借：主营业务收入——销售商品		10 000
应交税费		1 300
贷：应收账款		11 300

实务中，此笔分录应作红字相反分录，即：

借：应收账款		−11 300
贷：主营业务收入——销售商品		−10 000

应交税费	−1 300

④ 销售退回的核算 销售退回发生在企业确认收入之前，借记"库存商品"科目，贷记"发出商品"科目。

企业确认收入后，又发生销售退回的，不论是不是当年销售的，均借记"主营业务收入""应交税费"科目，贷记"应收账款"科目；如该项销售已经发生折扣或销售折让，应在退回当月一并调整；企业发生销售退回时，如按规定允许扣减当月销项税额，应同时用红字冲减销项税额。

【例12-4】承【例12-1】，2022年11月15日，甲企业收到货物并办理验收，发现质量不合格的商品有5件，要求退回，盛安公司同意，并开具红字增值税发票。

会计分录如下：

借：主营业务收入——销售商品	5 000
应交税费	650
贷：应收账款	5 650

实务中，此笔分录应作红字相反分录，即：

借：应收账款	−5 650
贷：主营业务收入——销售商品	−5 000
应交税费	−650
借：库存商品 （600×5=3 000）	3 000
贷：主营业务成本	3 000

⑤ 代销商品 视同买断：收到受托方的代销清单时，借记"应收账款"科目，委托方按协议价确认收入，受托方按自定价确认收入，贷记"主营业务收入"科目，按应收取的增值税税额，贷记"应交税费"科目。

【例12-5】2022年11月1日，盛安公司委托乙企业销售500件商品，不含税协议价格为100元/件，乙企业自定不含税价格120元/件，增值税税率为13%。11月30日，收到乙企业开来的代销清单，标明销售商品500件，盛安公司开具增值税发票。商品制造成本60元/件。

会计分录如下：

盛安公司收到代销清单，确认收入（100×500＝50 000）

借：应收账款	56 500
贷：主营业务收入——销售商品	50 000
应交税费	6 500

乙公司销售商品确认收入（120×500＝60 000）

借：银行存款   67 800

 贷：主营业务收入——销售商品   60 000

   应交税费   7 800

【例 12-6】2022 年 11 月 1 日，盛安公司委托乙企业销售 500 件商品，不含税售价为 100 元/件，增值税税率为 13%。按售价的 10% 支付乙企业手续费。11 月 30 日，收到乙企业开来的代销清单，盛安公司开具增值税发票。商品制造成本 60 元/件。

盛安公司收到乙企业的代销手续费发票（50 000×10%＝5 000），代销手续费增值税税率为 6%（5 000×6%＝300）的会计分录如下：

借：销售费用   5 000

  应交税费   300

 贷：应付账款   5 300

乙企业按合同确认代销手续费收入的会计分录如下：

借：应收账款   5 300

 贷：主营业务收入——销售商品   5 000

   应交税费   300

（2）提供劳务收入的核算

企业应按计算确定的提供劳务收入金额，借记"应收账款""银行存款"等科目，贷记"主营业务收入""应交税费"科目。

【例 12-7】2022 年 5 月 10 日，盛安公司（小规模纳税人）接受一项设备安装任务，该安装任务可在 5 月底完成，合同总价款为 100 000 元。假定安装业务属于盛安公司的主营业务，安装完成时的会计分录如下：

借：应收账款   100 000

 贷：主营业务收入   100 000

（3）建造合同收入的核算

确认合同收入和合同费用时，借记"应收账款""预收账款"等科目，贷记"主营业务收入"科目。

【例 12-8】盛安建筑安装公司具有一级承包总资质。2021 年 1 月承揽一项工程，工程总造价为 1 000 000 元，该建筑公司按照工程进度确认工程收入。该工程于当年 1 月开工，2021 年 12 月底，该工程完成全部工程的 50%。建造该工程的其他有关资料如表 12-5 所示（不考虑税费）。

表 12-5　建造某工程的有关资料　　　　　　　　　　　　　　单位：元

项目	2021 年 1 月	2021 年 12 月	2022 年
人员工资		100 000	100 000
工程物资		200 000	300 000
机械作业		100 000	
工程预计总成本		800 000	
实际收到价款	200 000	300 000	500 000

确认合同收入和合同费用的会计分录如下：

2021 年

借：预收账款　　　　　　　　　　　　　　　　　　　200 000

　　银行存款　　　　　　　　　　　　　　　　　　　300 000

　　　贷：主营业务收入　　　　　　　　　　　　　　　　　500 000

2022 年

借：银行存款　　　　　　　　　　　　　　　　　　　500 000

　　　贷：主营业务收入　　　　　　　　　　　　　　　　　500 000

（4）主营业务收入期末的核算

期末，应将"主营业务收入"科目余额转入"本年利润"科目，借记"主营业务收入"科目，贷记"本年利润"科目。

12.1.3.2　其他业务收入的核算

企业确认的其他业务收入，借记"银行存款""其他应收款"等科目，贷记"其他业务收入"科目。涉及增值税销项税额的，还应进行相应的账务处理。

【例 12-9】2022 年 10 月 18 日，盛安公司将一批生产用的原材料销售给甲公司，专用发票列明材料价款 10 000 元，增值税税额 1 300 元，共计 11 300 元，另以银行存款代垫运费 1 200 元（运费发票已转交），材料已经发出，同时收到甲公司开出并承兑的商业汇票。

会计分录如下：

① 垫付运费

借：其他应收款　　　　　　　　　　　　　　　　　　1 200

　　　贷：银行存款　　　　　　　　　　　　　　　　　　　1 200

② 开出发票并收到商业汇票

借：应收票据　　　　　　　　　　　　　　　　　　　12 500

　　　贷：其他应收款　　　　　　　　　　　　　　　　　　1 200

其他业务收入——销售材料	10 000
应交税费	1 300

【例12-10】盛安公司与甲企业达成协议，甲企业被允许使用盛安公司某商标。协议规定，甲企业每年年末支付盛安公司使用费100 000元，使用期10年。假定每年年末甲企业均按时支付使用费。

会计分录如下：

每年年末，盛安公司确认收入

借：银行存款	113 000
贷：其他业务收入	100 000
应交税费	13 000

期末，应将"其他业务收入"科目余额转入"本年利润"科目，借记"其他业务收入"科目，贷记"本年利润"科目。

12.1.4　错弊分析

（1）主营业务收入的错弊分析

【例12-11】2022年11月1日，盛安公司销售100件商品给甲企业，该批商品售价为100 000元，增值税税率13%。货款未收。

会计分录如下：

借：应收账款	113 000
贷：主营业务收入	100 000
应交税费	13 000

分析：注意此类业务售价是含税还是不含税，收入的确认额是不一样的。如果是不含税的，则账务处理没有错误，但如果是含税的售价，会计分录如下：

借：应收账款	100 000
贷：主营业务收入	88 495.58
应交税费	11 504.42

（2）其他业务收入的错弊分析

【例12-12】2022年11月，盛安公司出售一批产品给甲企业，增值税税率13%。收取包装物押金9 040元，协议约定6个月归还，否则没收押金。2023年6月末甲企业尚未归还包装物。

分析：此时，包装物押金可以没收，并且不能再挂账"其他应付款"科目，而应该按税法规定办理，即：对逾期未收取的包装物不再退还的和已收取一年以上的押金，应并入应税货物的销售额，征收增值税和消费税，收取的押金扣减相关税金后的差额转入"其他业务收入"科目。所以，2023年6月末，盛安公司应做如下处理：

借：应收账款 9 040
　　贷：其他业务收入 8 000
　　　　应交税费 1 040

12.2　经营成本业务

12.2.1　概念梳理

（1）主营业务成本

主营业务成本是企业销售商品、提供劳务等经常性活动所发生的成本。企业一般在确认销售商品、提供劳务等主营业务收入时，或在月末，将已销售商品、已提供劳务的成本转入主营业务成本。

（2）其他业务成本

其他业务成本是指企业确认的除主营业务活动以外的其他日常经营活动所发生的支出。其他业务成本包括销售材料的成本、出租固定资产的折旧额、出租无形资产的摊销额、出租包装物的成本或摊销额等。

采用成本模式计量投资性房地产的，其投资性房地产计提的折旧额或摊销额，也构成其他业务成本。

12.2.2　科目档案

主营业务成本的科目档案如表12-6所示。

表12-6　主营业务成本的科目档案

科目全称	主营业务成本	曾用名	产品销售成本
科目编号	5401	是否有备抵科目	无
使用频率	高	适用行业	全覆盖
明细科目	本科目应按照主营业务种类自行设置子科目进行核算		
科目方向	借方	科目属性	损益类科目
科目借方含义	登记发生额	科目贷方含义	登记结转的金额

期末是否可以有余额	不可以	期末余额意义	借方余额	无
			贷方余额	无
报表位置	利润表之营业成本	报表列示方式		列示在营业成本项目中
科目解释	本科目核算小企业确认销售商品、提供服务等主营业务收入时应结转的成本			

主营业务成本的科目设置如表 12-7 所示。

表 12-7 主营业务成本的科目设置

一级科目		二级科目	
科目编号	科目名称	科目编号	科目名称
5401	主营业务成本	540101	销售商品
		540102	提供劳务

其他业务成本的科目档案如表 12-8 所示。

表 12-8 其他业务成本的科目档案

科目全称	其他业务成本	曾用名		其他业务支出
科目编号	5402	是否有备抵科目		无
使用频率	高	适用行业		全覆盖
明细科目	本科目应按照其他业务成本的种类进行明细核算			
科目方向	借方	科目属性		损益类科目
科目借方含义	登记发生额	科目贷方含义		登记结转的金额
期末是否可以有余额	不可以	期末余额意义	借方余额	无
			贷方余额	无
报表位置	利润表之营业成本	报表列示方式		列示在营业成本项目中
科目解释	本科目核算小企业确认的除主营业务活动以外的其他日常经营活动所发生的支出			

其他业务成本的科目设置如表 12-9 所示。

表 12-9 其他业务成本的科目设置

一级科目		二级科目	
科目编号	科目名称	科目编号	科目名称
5402	其他业务成本	540201	材料销售成本
		540202	代购代销费用
		540203	出租固定资产的折旧额
		540204	出租无形资产的摊销额
		540205	其他

12.2.3 账务处理

（1）主营业务成本的核算

① 月末，根据本月销售各种商品或提供各种劳务的实际成本，计算应结转的主营业务成本，借记"主营业务成本"科目，贷记"库存商品"等科目。

② 本月发生的销售退回，可以直接从本月的销售数量中减去，得出本月销售的净数量，然后计算应结转的主营业务成本，也可以单独计算本月销售退回成本，借记"库存商品"等科目，贷记"主营业务成本"科目。

【例 12-13】2022 年 11 月 1 日，盛安公司销售 100 件商品给甲企业，该批商品单位成本 500 元。

会计分录如下：

借：主营业务成本   50 000

    贷：库存商品   50 000

【例 12-14】2022 年 11 月 11 日，盛安公司销售给甲企业的商品，因质量问题退货 10 件，该批商品单位成本 500 元。

会计分录如下：

借：库存商品   5 000

    贷：主营业务成本   5 000

实务中，此笔分录应作红字相反分录，即：

借：主营业务成本   −5 000

    贷：库存商品   −5 000

③ 期末，应将"主营业务成本"科目余额转入"本年利润"科目，借记"本年利润"科目，贷记"主营业务成本"科目。

（2）其他业务成本的核算

① 企业发生的其他业务成本，借记"其他业务成本"科目，贷记"原材料""周转材料""累计折旧""累计摊销""应付职工薪酬""银行存款"等科目。

【例 12-15】盛安公司将一批生产用的原材料销售给甲公司，该批材料的成本为 7 000 元。在确认收入的同时，结转已销材料的成本。

会计分录如下：

借：其他业务成本   7 000

    贷：原材料   7 000

【例12-16】盛安公司购入一项商标权的成本为3 000 000元，估计使用寿命10年。假定该商标的预计残值为零，采用直线法进行摊销。盛安公司与甲企业达成协议，甲企业被允许使用盛安公司某商标。协议规定，甲企业每年年末支付盛安公司使用费100 000元，使用期10年。假定每年年末甲企业均按时支付使用费。

会计分录如下：

借：其他业务成本   300 000

    贷：累计摊销   300 000

每年收到商标权使用费（不考虑增值税）分录如下：

借：银行存款   100 000

    贷：其他业务收入   100 000

② 期末，应将"其他业务成本"科目余额转入"本年利润"科目，借记"本年利润"科目，贷记"其他业务成本"科目。

12.2.4 错弊分析

【例12-17】2022年11月20日，盛安商贸公司从安达公司购入200件某商品，已经验收入库，发票未到，货款未付。11月25日，以单价300元/件售出100件，增值税税率13%。月末购货发票账单尚未到达。

12月5日，收到安达公司开来的发票，不含税单价为180元/件。

分析：针对这笔购销业务，盛安商贸公司需要在月末根据收料凭证按暂估价值（假设150元/件）分别计入商品成本，结转销售成本，待次月初再用红字予以冲回。结算凭证到达，进行正常的业务处理。

（1）2022年11月30日，按暂估价值结转商品的销售成本

借：主营业务成本   15 000

    贷：库存商品   15 000

（2）2022年12月1日，将结转销售成本冲红

借：库存商品   15 000

    贷：主营业务成本   15 000

（3）结转商品销售成本的业务

借：主营业务成本   18 000

    贷：库存商品   18 000

【例12-18】2022年10月25日，盛安商贸公司从安达公司购入一台不需安装的办公设备，款项 1 300 000 元。预计使用寿命为 10 年，预计净残值为 100 000 元，采用年限平均法计提折旧。2022 年 12 月 1 日，将该项设备出租给甲企业。

2022 年 11 月，计提固定资产折旧：

固定资产折旧＝（1 300 000−100 000）÷10÷12＝10 000（元）

会计分录如下：

借：管理费用   10 000

    贷：累计折旧   10 000

分析：11 月份对这项设备的计提折旧做了这样一笔会计分录，到 12 月份时，该项固定资产的用途发生变化而没有引起注意，此项处理会使得本月的营业利润虚增。

会计分录如下：

借：其他业务成本   10 000

    贷：累计折旧   10 000

12.3　期间费用业务

12.3.1　概念梳理

（1）销售费用

销售费用是指企业销售商品和材料、提供劳务的过程中发生的各种经营费用。包括：销售人员的职工薪酬、商品维修费、运输费、装卸费、包装费、保险费、广告费、业务宣传费、展览费等费用。企业（批发业、零售业）在购买商品过程中发生的费用（包括运输费、装卸费、包装费、保险费、运输途中的合理损耗和入库前的挑选整理费等）也构成销售费用。

（2）管理费用

管理费用是指企业行政管理部门为组织和管理生产经营活动而发生的各种费用。属于期间费用，在发生时计入当期的损失或利益。

管理费用包括：企业在筹建期间内发生的开办费、行政管理部门发生的费用（包括固定资产折旧费、修理费、办公费、水电费、差旅费、管理人员的职工薪酬等）、业务招待费、研究费用、技术转让费、相关长期待摊费用摊销、财产保险费、聘请中介机构费、咨询费（含顾问费）、诉讼费等费用。

（3）财务费用

财务费用是指企业为筹集生产经营所需资金等而发生的费用，包括利息费用（减

利息收入）、汇兑损失、银行相关手续费、企业给予的现金折扣（减享受的现金折扣）
等费用。

12.3.2　科目档案

销售费用的科目档案如表 12-10 所示。

表 12-10　销售费用的科目档案

科目全称	销售费用	曾用名		营业费用
科目编号	5601	是否有备抵科目		无
使用频率	高	适用行业		全覆盖
明细科目		本科目应按照费用种类进行明细核算		
科目方向	借方	科目属性		损益类科目
科目借方含义	登记发生额	科目贷方含义		登记结转的金额
期末是否可以有余额	不可以	期末余额意义	借方余额	无
			贷方余额	无
报表位置	利润表	报表列示方式		列示在销售费用项目中
科目解释		本科目核算企业销售商品活动中发生的各种经营费用		

销售费用的科目设置如表 12-11 所示。

表 12-11　销售费用的科目设置

一级科目		二级科目	
科目编号	科目名称	科目编号	科目名称
5601	销售费用	自设	自设

管理费用的科目档案如表 12-12 所示。

表 12-12　管理费用的科目档案

科目全称	管理费用	曾用名		无
科目编号	5602	是否有备抵科目		无
使用频率	高	适用行业		全覆盖
明细科目		本科目应按照费用种类进行明细核算		
科目方向	借方	科目属性		损益类科目
科目借方含义	登记发生额	科目贷方含义		登记结转的金额
期末是否可以有余额	不可以	期末余额意义	借方余额	无
			贷方余额	无
报表位置	利润表	报表列示方式		列示在管理费用项目中
科目解释		本科目核算企业为组织和管理生产经营活动发生的各项管理费用		

管理费用的科目设置如表12-13所示。

表12-13　管理费用的科目设置

一级科目		二级科目	
科目编号	科目名称	科目编号	科目名称
5602	管理费用	自设	自设

财务费用的科目档案如表12-14所示。

表12-14　财务费用的科目档案

科目全称	财务费用	曾用名		无
科目编号	5603	是否有备抵科目		无
使用频率	高	适用行业		全覆盖
明细科目		本科目应按照费用种类进行明细核算		
科目方向	借方	科目属性		损益类科目
科目借方含义	登记发生额	科目贷方含义		登记结转的金额
期末是否可以有余额	不可以	期末余额意义	借方余额	无
			贷方余额	无
报表位置	利润表	报表列示方式		列示在财务费用项目中
科目解释		本科目核算企业为筹集生产经营所需资金等而发生的费用		

财务费用的科目设置如表12-15所示。

表12-15　财务费用的科目设置

一级科目		二级科目	
科目编号	科目名称	科目编号	科目名称
5603	财务费用	560301	利息支出
		560302	利息收入
		560303	汇兑损失
		560304	汇兑收益
		560305	手续费
		560306	其他

12.3.3　账务处理

（1）销售费用

① 企业在销售商品或提供劳务过程中发生的销售人员的职工薪酬、商品维修费、运输费、装卸费、包装费、保险费、广告费、业务宣传费、展览费等费用，借记"销售费用"科目，贷记"库存现金""银行存款"等科目。

【例12-19】盛安公司2022年12月份发生的销售费用有：销售人员工资150 000元，

差旅费用 2 000 元，广告费用 300 000 元，均用银行存款支付。

会计分录如下：

借：销售费用——工资 150 000

销售费用——差旅费 2 000

销售费用——广告宣传费 300 000

贷：银行存款 452 000

② 企业（批发业、零售业）在购买商品过程中发生的运输费、装卸费、包装费、保险费、运输途中的合理损耗和入库前的挑选整理费等，借记"销售费用"科目，贷记"库存现金""银行存款""应付账款"等科目。

【例 12-20】2022 年 10 月 8 日，盛安公司开出转账支票，支付采购原材料时发生运输费，收到增值税专用发票，价款 10 000 元，税额 300 元。

会计分录如下：

借：销售费用——运输费 10 000

应交税费 300

贷：银行存款 10 300

③ 促销活动发生支出。赠送自产产品，在归入销售费用的同时应将其作为视同销售处理，借记"销售费用"科目，贷记"主营业务收入""应交税费"科目；同时按产品市场销售价格确定个人的应税所得，按照"偶然所得"计算缴纳个人所得税，赠送礼品的个人所得税由企业垫付，借记"销售费用"科目，贷记"个人所得税"科目。

【例 12-21】盛安公司"双十一"开展促销活动，随机向行人赠送本企业生产的产品 100 件，不含税单价 50 元 / 件。

个人所得税的计算：

应纳个人所得税税额 = 5 000 × 20% = 1 000（元）

会计分录如下：

a. 赠送产品

借：销售费用——广告宣传费 5 650

贷：主营业务收入 5 000

应交税费 650

b. 计提个人所得税

借：销售费用——广告宣传费 1 000

贷：应交税费 1 000

④ 期末，应将"销售费用"科目余额转入"本年利润"科目，借记"本年利润"科目，贷记"销售费用"科目。

（2）管理费用

① 企业在筹建期间内发生的开办费（包括相关人员的职工薪酬、办公费、培训费、差旅费、印刷费、注册登记费以及不计入固定资产成本的借款费用等），在实际发生时，借记"管理费用"科目，贷记"银行存款"等科目。

【例 12-22】盛安公司筹建期间发生办公费、差旅费等开办费 20 000 元，均用银行存款支付。

会计分录如下：

借：管理费用 20 000

    贷：银行存款 20 000

② 行政管理部门人员的职工薪酬，借记"管理费用"科目，贷记"应付职工薪酬"科目。

③ 行政管理部门计提的固定资产折旧费和发生的修理费，借记"管理费用"科目，贷记"累计折旧""银行存款"等科目。

④ 行政管理部门发生的办公费、水电费、差旅费，借记"管理费用"科目，贷记"银行存款"等科目。

【例 12-23】盛安公司业务员李明出差回来，交来宏伟大酒店的发票，其中，餐饮费 1 000 元，住宿费 2 000 元，可抵扣税额 120 元。已经转账支付。

会计分录如下：

借：管理费用——餐饮费 1 000

          ——住宿费 2 000

    应交税费 120

    贷：银行存款 3 120

⑤ 企业发生的业务招待费、相关长期待摊费用摊销、技术转让费、财产保险费、聘请中介机构费、咨询费（含顾问费）、诉讼费等，借记"管理费用"科目，贷记"银行存款""长期待摊费用"等科目。

【例 12-24】盛安公司就一项产品的设计方案向有关专家进行咨询，以现金支付咨询费 50 000 元。

会计分录如下：

借：管理费用 50 000

贷：库存现金　　　　　　　　　　　　　　　　　　　　　50 000

　　⑥企业自行研究无形资产发生的研究费用，借记"管理费用"科目，贷记"研发支出"科目。

　　⑦期末，应将"管理费用"科目余额转入"本年利润"科目，借记"本年利润"科目，贷记"管理费用"科目。

　　（3）财务费用

　　①企业发生的各项财务费用借记"财务费用"科目，贷记"银行存款""应付利息""未确认融资费用"等科目。

　　②企业发生利息收入、汇兑收益时，借记"银行存款"等科目，贷记"财务费用"科目。

　　【例12-25】2022年12月5日，盛安公司换取1000美元备用。当日美元现钞对人民币汇率为：买入价是100美元＝698.45元；卖出价是100美元＝707.05元。因业务取消，2022年12月20日，盛安公司将1000美元又换成人民币。当日美元现钞对人民币汇率为：买入价100美元＝694.03元；卖出价100美元＝702.58元。

　　会计分录如下：

　　借：银行存款——人民币　　　　　　　　　　　　　　　6 940.30
　　　　财务费用——汇兑损失　　　　　　　　　　　　　　　130.20
　　　　贷：银行存款——美元　　　　　　　　　　　　　　　　7 070.50

　　【例12-26】2022年12月21日，盛安公司收到开户银行结算第四季度的银行存款利息清单，转入本公司的银行存款账户28 280元。

　　会计分录如下：

　　借：银行存款　　　　　　　　　　　　　　　　　　　　28 280
　　　　贷：财务费用——利息收入　　　　　　　　　　　　　　28 280

　　实务中，此笔分录财务费用应记入借方负数，即：

　　借：银行存款　　　　　　　　　　　　　　　　　　　　28 280
　　借：财务费用——利息收入　　　　　　　　　　　　　　－28 280

　　【例12-27】盛安公司于2022年3月1日向银行借入生产经营用短期借款300 000元，期限6个月，年利率5％，该借款本金到期后一次归还，利息分月预提，按季支付。假定3月份其中100 000元暂时作为闲置资金存入银行，并获得利息收入350元。

　　3月份应计利息的计算：

　　$300\ 000 \times 5\% \div 12 = 1\ 250$（元）

会计分录如下：

借：财务费用——利息支出 1 250

贷：应付利息 1 250

b. 借：银行存款 350

贷：财务费用——利息收入 350

实务中，第 2 笔分录财务费用应记入借方负数，即：

借：银行存款 350

借：财务费用——利息收入 -350

【例 12-28】盛安公司于 2022 年 1 月 1 日平价发行公司债券，面值 4 000 000 元，期限 2 年，年利率 5%，到期后本息一次归还。债券发行过程中，发生手续费 15 000元。有关手续费的会计分录如下：

借：财务费用——手续费 15 000

贷：银行存款 15 000

【例 12-29】2022 年 1 月 1 日，盛安公司收到昌通公司开来的一张商业承兑汇票抵其前欠货款。面值 60 000 元，票面利率 9%，期限 4 个月。

第一季度终了（2022 年 3 月 31 日），计提利息。

a. 利息的计算：

$60\,000 \times 9\% \times 3 \div 12 = 1\,350$（元）

b. 会计分录如下：

借：应收利息 1 350

贷：财务费用——利息收入 1 350

实务中，第 2 笔分录财务费用应记入借方负数，即：

借：应收利息 1 350

借：财务费用——利息收入 -1 350

③ 期末，应将"销售费用"科目余额转入"本年利润"科目，借记"本年利润"科目，贷记"销售费用"科目。

12.3.4 错弊分析

（1）销售费用

【例 12-30】2022 年 1 月 12 日，盛安公司开展宣传活动，随机向行人赠送本企业购入的礼品 200 件，不含税单价 25 元 / 件。

会计分录如下：

借：销售费用   5 000

 贷：库存商品   5 000

分析：这里要注意两点涉税问题：一要代缴个人所得税；二要将购进物品的进项税转出并转入促销费用，不准作为销项税的抵扣额。

会计分录如下：

① 赠送礼品

借：销售费用——宣传展览费   5 650

 贷：库存商品   5 000

   应交税费   650

② 代缴个人所得税

借：销售费用——宣传展览费   1 000

 贷：应交税费   1 000

（2）管理费用

【例12-31】盛安公司筹建期间，从银行借入一笔9个月的流动资金，共计240 000元，年利率8%。根据与银行签署的借款协议，该项借款的本金到期后一次归还，利息按季支付。

应付利息的计算：

$240\,000 \times 8\% \times 1/12 = 1\,600$（元）

会计分录如下：

借：财务费用——利息支出   1 600

 贷：应付利息   1 600

分析：企业在筹建期间内发生的开办费，包括筹建期间工作人员的工资、办公费、差旅费、培训费、印刷费、不符合资本化条件的借款利息、律师费、注册登记费、汇兑净损失，以及其他不能计入固定资产和无形资产的支出直接计入管理费用。

会计分录如下：

借：管理费用——开办费   1 600

 贷：应付利息   1 600

（3）财务费用

【例12-32】盛安公司于2022年1月1日向银行借入资金1 000 000元，借款利率8%，借款期限2年，所借款项已经存入银行，2年期满后一次还本付息。该借款用于建造厂房，该厂房 2023 年 6 月 30 日完工交付使用，并办理竣工决算手续。

利息支出的计算：

$1\ 000\ 000 \times 8\% = 80\ 000$（元）

会计分录如下：

借：财务费用——利息支出　　　　　　　　　　　　80 000
　　贷：应付利息　　　　　　　　　　　　　　　　　　　80 000

分析：为购建满足资本化条件的资产发生的应予以资本化的借款费用，在"在建工程"科目核算。所以在资产尚未交付使用或者虽已交付使用但尚未办理竣工决算之前的利息支出，计入购建资产的价值。

会计分录如下：

借：在建工程　　　　　　　　　　　　　　　　　　80 000
　　贷：应付利息　　　　　　　　　　　　　　　　　　　80 000

12.4　营业外收支业务

12.4.1　概念梳理

（1）营业外收入

营业外收入，指企业非日常生产经营活动形成的、应当计入当期损益、会导致所有者权益增加、与所有者投入资本无关的经济利益的净流入。它是企业财务成果的组成部分。营业外收入并不是由企业经营资金耗费所产生，不需要企业付出代价，实际上是一种纯收入，不可能也不需要与有关费用进行配比。

营业外收入主要包括：处置非流动资产利得、非货币性资产交换利得、债务重组利得、企业合并损益、盘盈利得、因债权人原因确实无法支付的应付款项、政府补助、教育费附加返还款、罚款收入、捐赠利得等。

（2）营业外支出

营业外支出是指除主营业务支出和其他业务支出等以外的各项非营业性支出，即企业非日常生产经营活动发生的、应当计入当期损益、会导致所有者权益减少、与向所有者分配利润无关的经济利益的净流出。

企业的营业外支出包括：存货的盘亏、毁损、报废损失，非流动资产处置净损失，坏账损失，无法收回的长期债券投资损失，无法收回的长期股权投资损失，自然灾害等不可抗力因素造成的损失，税收滞纳金，罚金，罚款，被没收财物的损失，捐赠支出，赞助支出等。

12.4.2　科目档案

营业外收入的科目档案如表 12-16 所示。

表 12-16　营业外收入的科目档案

科目全称	营业外收入	曾用名		无
科目编号	5301	是否有备抵科目		无
使用频率	高	适用行业		全覆盖
明细科目		本科目应按照收入项目设置明细科目		
科目方向	贷方	科目属性		损益类科目
科目借方含义	表示转出数	科目贷方含义		企业发生的营业外收入额
期末是否可以有余额	不可以	期末余额意义	借方余额	无
			贷方余额	无
报表位置	利润表	报表列示方式		列示在营业外收入项目
科目解释		本科目核算企业发生的各项营业外收入		

营业外收入的科目设置如表 12-17 所示。

表 12-17　营业外收入的科目设置

一级科目		二级科目	
科目编号	科目名称	科目编号	科目名称
5301	营业外收入	530101	非流动资产处置利得
		530102	非货币性资产交换利得
		530103	债务重组利得
		530104	企业合并损益
		……	……

营业外支出的科目档案如表 12-18 所示。

表 12-18　营业外支出的科目档案

科目全称	营业外支出	曾用名		无
科目编号	5711	是否有备抵科目		无
使用频率	高	适用行业		全覆盖
明细科目		本科目应按照支出种类进行明细核算		
科目方向	借方	科目属性		损益类科目
科目借方含义	登记发生额	科目贷方含义		登记结转的金额
期末是否可以有余额	不可以	期末余额意义	借方余额	无
			贷方余额	无
报表位置	利润表	报表列示方式		列示在营业外支出项目中
科目解释		本科目核算企业营业外支出的发生及结转情况		

营业外支出的科目设置如表 12-19 所示。

表 12-19　营业外支出的科目设置

一级科目		二级科目	
科目编号	科目名称	科目编号	科目名称
5711	营业外支出	571101	处置非流动资产损失
		571102	非货币性资产交换损失
		571103	债务重组损失
		571104	盘亏损失
		571105	捐赠支出
		571106	非常损失
		571107	罚没支出
		571108	违约金

12.4.3　账务处理

（1）营业外收入的核算

① 企业确认营业外收入时，借记"库存现金""银行存款""待处理财产损溢""应付账款""原材料"等科目，贷记"营业外收入"科目。

【例 12-33】盛安科技有限公司开发的新科技受到社会各界的强烈响应，于 2022 年 12 月份接受某知名企业 2 000 000 元的捐赠款。

会计分录如下：

借：银行存款　　　　　　　　　　　　　　　　　2 000 000

　　贷：营业外收入　　　　　　　　　　　　　　　　　2 000 000

【例 12-34】盛安科技有限公司收到 A 单位因违反双方签订的购销合同而支付的违约金 1 000 元，已存入银行。

会计分录如下：

借：银行存款　　　　　　　　　　　　　　　　　1 000

　　贷：营业外收入　　　　　　　　　　　　　　　　　1 000

② 期末，应将"营业外收入"科目余额转入"本年利润"科目，借记"营业外收入"科目，贷记"本年利润"科目。

（2）营业外支出的核算

① 企业确认存货的盘亏、毁损、报废损失，非流动资产处置净损失，自然灾害等不可抗力因素造成的损失，借记"营业外支出"科目、"生产性生物资产累计折旧""累计摊销"等科目，贷记"待处理财产损溢""固定资产清理""生产性生物资

产""无形资产"等科目。

②确认实际发生的坏账损失、长期债券投资损失，应当按照可收回的金额，借记"银行存款"等科目，按照应收账款、预付账款、其他应收款、长期债券投资的账面余额，贷记"应收账款""预付账款""其他应收款""长期债券投资"等科目，按照其差额，借记"营业外支出"科目。

【例12-35】甲公司欠盛安公司6 500 000元的货款，到期日为2022年10月31日。甲公司因财务困难，经协商于2022年11月15日与盛安公司签订债务重组协议，协议规定，甲公司以价值5 500 000元的商品抵偿盛安公司上述全部债务。2022年11月20日，盛安公司收到该商品并验收入库，2022年11月22日办理了有关债务解除手续。

会计分录如下：

借：库存商品　　　　　　　　　　　　　　　　　　5 500 000

　　应交税费　　　　　　　　　　　　　　　　　　　715 000

　　营业外支出　　　　　　　　　　　　　　　　　　285 000

　　贷：应收账款　　　　　　　　　　　　　　　　　　　6 500 000

③确认实际发生的长期股权投资损失，按照可收回的金额，借记"银行存款"等科目，按照长期股权投资的账面余额，贷记"长期股权投资"科目，按照其差额，借记"营业外支出"科目。

④支付的税收滞纳金、罚金、罚款，确认被没收财物的损失、捐赠支出、赞助支出，借记"营业外支出"科目，贷记"银行存款"等科目。

⑤期末，应将"营业外支出"科目余额转入"本年利润"科目，借记"本年利润"科目，贷记"营业外支出"科目。

12.4.4　错弊分析

【例12-36】2022年12月31日，盛安公司出售一台生产用机器设备给甲企业，设备原值300 000元，累计已提折旧100 000元，出售价款为250 000元。结转净损益的会计分录如下：

借：固定资产清理　　　　　　　　　　　　　　　　50 000

　　贷：资产处置损益　　　　　　　　　　　　　　　　50 000

分析："资产处置损益"为《企业会计准则》的科目。《小企业会计准则》中，出售固定资产产生的净损益记入"营业外收入"科目。

借：固定资产清理　　　　　　　　　　　　　　　　　50 000
　　贷：营业外收入　　　　　　　　　　　　　　　　　　50 000

12.5　本年利润业务

12.5.1　概念梳理

利润是指企业在一定会计期间的经营成果。本年利润是指企业某个会计年度实现的净利润或净亏损。

按照利润构成的主次和计算过程，涉及营业利润、利润总额和净利润三个层次。

① 营业利润，是指企业通过组织日常营业活动获得的利润。其等于主营业务收入减去主营业务成本和主营业务税金及附加，加上其他业务利润，减去营业费用、管理费用和财务费用后的金额。

② 利润总额，是指企业一定会计期间全部经营活动（包括日常经营活动和非日常经营活动）获得的利润，等于营业利润加上投资收益、补贴收入、营业外收入，减去营业外支出后的金额。

③ 净利润，是指企业在利润总额的基础上减去按照税法规定应缴纳的所得税后的利润，也称为税后利润。

12.5.2　科目档案

本年利润的科目档案如表 12-20 所示。

表 12-20　本年利润的科目档案

科目全称	本年利润	曾用名		无
科目编号	3103	是否有备抵科目		无
使用频率	高	适用行业		全覆盖
明细科目	不存在			
科目方向	贷	科目属性		所有者权益类科目
借方科目含义	结转的本期费用	贷方科目含义		结转的本期收入
期末是否可以有余额	账结法下，月末有，年末无	期末余额意义	借方余额	表示当期发生的净损失
			贷方余额	表示当期实现的净利润
报表位置	资产负债表之所有者权益	报表列示方式		列示在未分配利润项目中
科目解释	本科目核算企业当期实现的净利润（或发生的净亏损）			

本年利润的科目设置如表 12-21 所示。

表 12-21　本年利润的科目设置

一级科目		二级科目	
科目编号	科目名称	科目编号	科目名称
3103	本年利润	自设	自设

12.5.3　账务处理

（1）期末结转利润的核算

企业期末结转利润时，应将各损益类科目的金额转入"本年利润"科目，结平各损益类科目。结转后"本年利润"科目的贷方余额为当期实现的净利润；借方余额为当期发生的净亏损。

【例 12-37】2022 年 1 月末，盛安公司主营业务收入 200 000 元，主营业务成本 130 000 元，税金及附加 20 000 元，管理费用 12 000 元，销售费用 3 000 元，财务费用 1 200 元。本月末其他损益类科目无发生额，会计分录如下：

借：主营业务收入　　　　　　　　　　　　　200 000

　　贷：主营业务成本　　　　　　　　　　　　　　130 000

　　　　管理费用　　　　　　　　　　　　　　　　 12 000

　　　　销售费用　　　　　　　　　　　　　　　　　3 000

　　　　财务费用　　　　　　　　　　　　　　　　　1 200

　　　　税金及附加　　　　　　　　　　　　　　　 20 000

　　　　本年利润　　　　　　　　　　　　　　　　 33 800

（2）年末结转利润的核算

年度终了，应将本年收入、利得和费用、损失相抵后结出的本年实现的净利润，转入"利润分配"科目，借记"本年利润"科目，贷记"利润分配——未分配利润"科目；如为净亏损则做相反的会计分录。结转后"本年利润"科目应无余额。

【例 12-38】盛安有限责任公司采用账结法结转本年利润：2022 年 1—11 月实现累计利润 1 100 000 元。12 月末相关损益类科目结转前余额如下：

主营业务收入（贷）　1 000 000

税金及附加（借）　60 000

主营业务成本（贷）　600 000

销售费用（借）　20 000

管理费用（借） 100 000

财务费用（借） 20 000

其他业务收入（贷） 100 000

其他业务成本（借） 60 000

投资收益（贷） 16 000

营业外收入（贷） 40 000

营业外支出（借） 36 000

所得税费用（借） 160 000

会计分录如下：

① 结转收入类科目

借：主营业务收入	1 000 000
其他业务收入	100 000
投资收益	16 000
营业外收入	40 000
贷：本年利润	1 156 000

② 结转费用类科目

借：本年利润	1 056 000
贷：主营业务成本	600 000
税金及附加	60 000
销售费用	20 000
管理费用	100 000
财务费用	20 000
其他业务成本	60 000
营业外支出	36 000
所得税费用	160 000

③ 净利息的计算

公司 12 月实现净利润＝1 156 000－1 056 000＝100 000（元）

公司 1—12 月累计实现净利润＝1 100 000＋100 000＝1 200 000（元）

④ 结转本年利润

借：本年利润	1 200 000
贷：利润分配	1 200 000

12.5.4　错弊分析

　　容易出现的问题主要在投资收益和财务费用。这两个科目虽然从字面上是收益和费用，但是投资收益可能有借方发生额，财务费用也会出现贷方发生额。所以在实际使用过程中，要关注这一点，如果投资收益科目是借方发生额就要列成损失，冲减"本年利润"科目，如果财务费用是贷方发生额就要作为收入，增多"本年利润"科目。

参考文献

[1] 中华人民共和国财政部．小企业会计准则（2022 版）．上海：立信会计出版社，2022.

[2] 企业会计准则编审委员会．企业会计准则及应用指南实务详解（2022 年版）．北京：人民邮电出版社，2022.

[3] 小企业会计准则编审委员会．小企业会计准则讲解（2022 年版）．上海：立信会计出版社，2022.